祁克果

Kierkegaard: A Very Short Introduction

U0118376

Kierkegaard: A Very Short Introduction

祁克果

帕特里克·加迪納 (Patrick Gardinaer) 著

劉玉紅 譯

OXFORD
UNIVERSITY PRESS

OXFORD
UNIVERSITY PRESS

Oxford University Press is a department of the University of Oxford.
It furthers the University's objective of excellence in research, scholarship,
and education by publishing worldwide. Oxford is a registered trade mark of
Oxford University Press in the UK and in certain other countries

Published in Hong Kong by
Oxford University Press (China) Limited
39/F, One Kowloon, 1 Wang Yuen Street, Kowloon Bay, Hong Kong

This Orthodox Chinese edition © Oxford University Press (China) Limited

The moral rights of the author have been asserted

First edition published in 2017

祁克果

加迪納 (Patrick Gardinaer) 著

劉玉紅譯

ISBN: 978-0-19-941492-5

1 3 5 7 9 10 8 6 4 2

English text originally published as *Kierkegaard: A Very Short Introduction*
by Oxford University Press © Patrick Gardinaer 2002

目　錄

前言

　　祁克果的著作涉獵廣泛，紛繁複雜，對他的思想進行簡短的介紹不是一件容易的事情。我沒有試圖涵蓋其全部思想的不同方面，而是覺得着重介紹與他那個時代的學術和文化主題最有關聯的方面比較好。走筆之間，我努力追溯促使他形成自己關於倫理和宗教地位的獨特觀點的種種因素，同時指出他對後來的思想史在哪些方面產生了影響——我們雖然沒有及時認識到這些影響，它們卻是重要的。本書內容有限，無法討論他的其他許多作品，包括他對宗教生活之本質最為直接的論述，而他認為人們應該理解這一本質。

　　本書第四章的部分內容來自我幾年前在英國電影學院所作的一次演講，演講內容已經發表。在本書中，這些內容已經作了相當的修正和改動。

縮略語

本書在提到祁克果的作品時，使用以下的縮略語[1]：

CA   《焦慮的概念》，R. 童特和A. B. 安德森譯，普林斯頓大學出版社，1980年。

CUP   《最後的非科學附言》，D. F. 斯溫森和W. 勞里譯，普林斯頓大學出版社，1941年。

EO   《非此即彼》，兩卷，D. F.斯溫森、L. M.斯溫森和W.勞里譯，普林斯頓大學出版社，1959年。

FT   《恐懼與顫慄》和《重覆》，H. V.宏和E. H.宏譯，普林斯頓大學出版社，1983年。

J   《索倫·祁克果日記》，A. 德魯譯，牛津大學出版社，1938年。

PA   《當今時代》，A. 德魯譯，豐塔納圖書館，1962年。

PF   《哲學片斷》，D. F. 斯溫森譯，H. V. 宏校訂，普林斯頓大學出版社，1962年。

PV   《吾書之觀點》，W. 勞里譯，哈珀和羅出版社，1962年。

SD   《致死的疾病》，H. V.宏和E. H.宏譯，普林斯頓大學出版社，1980年。

SLW   《人生道路的各個階段》，W. 勞里譯，索肯圖書，1967年。

---

1   為方便讀者閱讀，譯文中用中文書名代替原文的縮略語。——編注

第一章
生平與個性

　　不止一次，祁克果（Søren Aabye Kierkegaard）把天才比做逆風而上的雷雨。提出這個比喻的時候，不知道他是否想到了自己。不過，就他的學術生涯而言，這個比喻倒不失貼切。他像馬克思（Karl Max）和尼采（Fredrich Nietzsche）一樣，以勇於反叛19世紀的思想而聞名。他們在各自的著述中有意識地對抗自己那個時代的主流思潮和傳統。直至去世之後，他們的重要觀點才獲得廣泛的接受。

　　就祁克果而言，人們對他的接受來得特別慢。他用丹麥語寫作，與他同時代的丹麥人認為他是一個「多餘的」人，至少他自己也是這麼看的。或許時人沒有讀他寫的東西，或許他們讀了，但誤解了其中的內在含義。他於1855年去世，之後不久他的著作就有了德文譯本，但開始並沒有產生什麼影響，只是在第一次世界大戰期間和結束後，它們在中歐的影響才變得日益顯著。他之所以獲得至今仍無可爭辯的世界聲譽，是因為他的名字首先和存在主義聯繫在一起，這一哲學運動在20世紀30至40年代聞名於世。作為一位

思想家，他可能顯得晦澀、充滿爭議、難以分類。然而，他確實是一個不可忽視的人物。

對於死後的聲名，祁克果即使能夠知道也不會感到奇怪。他自己曾自信地預言了這一點。他說，終有一天，人們將認真研究他的著作，讚賞書中獨特而深邃的見解。至於這個預言是不是讓他感到純粹的滿足，那是另外一回事。他提到未來世人對自己的重視，只是把這看做一個事件，並非為了孤芳自賞，反倒是一種諷刺的評論。他把將來那些會讚許他的人稱為「教授」。換句話說，他在世時那些自鳴得意的學術機構的未來成員正是他痛批的對象。誠然，在這一點上，他的學術生涯愈接近尾聲，他的觀點便愈發尖銳，這和他對教會的憎惡愈來愈明顯是一樣的。話說回來，他對學術機構的敵視源自更早的時候他對某種東西產生的深深的懷疑，他認為這種東西對自己那個時代的學術氛圍是有害的。這種東西便是被他稱為「對客觀性的錯覺」的成見。一方面，這種成見用一層層的歷史解說和偽科學推理來窒息主觀經驗的重要核心。另一方面，它喜歡從抽象的理論角度來探討思想，根本不去考慮這些思想對於具體的世界觀有何意義，對於活生生的人所承擔的義務有何意義。祁克果所有的著述都以這樣或那樣的方式證明了個體在面對這些傾向時需要強化自我的完整性，而他自己的個人生活可以說就例證了這一點。他的創作和他作為個體

的存在相輔相成，不可分離，二者的關係忠實地記錄在他浩繁的日記中。祁克果二十一歲開始寫日記，這些生動的文字有助於我們了解他奇異而複雜的個性中那迷宮般的隱秘之處。

祁克果於1813年5月5日生於哥本哈根，是家裏的第七個孩子。父親米凱爾·佩德森·祁克果（Michael Pedersen Kierkegaard）是一個退休的針織品商人，年輕時是個農奴，後來獲得自由人的身份。之後，通過自己的努力，也因為從一個叔叔那裏繼承了一筆價值不菲的遺產，他成了一個富人。在第一個妻子過早去世後，他娶了亡妻的女僕，生下祁克果。母親是個文盲，在兒子的成長過程中，她起的作用並不明顯。相反，父親對他產生了極大的影響。父親自學成才，做生意十分精明，同時，他還是個虔誠的路德教會信徒，篤信義務和自律。祁克果曾回憶，小時候，父親要求他「絕對服從」自己。不過，令他印象最深的卻不是這一點。父親相信自己和他的家庭生活在神秘的詛咒之下，儘管物質生活豐裕，但他時時認為會遭到上天的懲罰。父親的這些思想使祁克果生活在陰鬱和宗教的罪感之中，這對他日後的生活產生了很大的影響。這個做兒子的曾在其日記中回顧道，「從很早的時候開始，這一黑暗的背景便成了我生活的一部分」。他記得，「父親使我的靈魂充滿了恐懼，還有他那可怕的憂鬱，以及我沒有記下來的這種父子關係中所有的事情」（《日記》第273頁）。

圖1　祁克果像，作者不明。

　　在任何時候，他從不低估困擾自己的殘疾和困難。不過，還是有人說他從小被當成一個「瘋子」來培養，這些尖銳的話讓我們不難理解為何祁克果對自己的成長方式頗有微辭。即便人們說這樣的話是因為他的父親，他對這個男人的感情仍是矛盾的：父親活躍的──哪怕是怪異的──想像力令他着迷，父親的才智和雄辯令他印象深刻。他在記憶中對父親懷有深沉的認同感，這種認同感奇怪地糅合了敬愛與懼怕。祁克果兒時的一個伙伴稱他在家裏的生活是「嚴格與

怪異」的神秘交融，而在私立學校的學習也沒有讓他獲得多少解脫。他是一個男孩，可身體羸弱，行動笨拙。他認為自己的外表毫無魅力，對此他又極為敏感。於是他從不參加體育活動，經常成為別人欺負的對象。不過，在別的方面，他可毫不示弱。很快，他發現自己智力超群。後來他承認，當受到威脅時，這一點成了有效的自衛武器。他言辭鋒利，容易傷人，尤其善於發現他人的弱點。據傳，他擅長揶揄，喜歡挑釁，能把他的同班同學說得直掉眼淚。結果，他和周圍的人變得疏遠起來，成了一個孤獨內向的人，令人憂懼，不討人喜歡。他的同窗所描繪的這一形象可能不太吸引人，不過卻預示了他成人後最直接、最引人注目的特徵，即思想特立獨行，諷刺入木三分。

1830年，十七歲的祁克果到哥本哈根大學求學。開始一切尚好。第一年，他選修的基礎課程十分廣泛，包括希臘語、拉丁語、歷史、數學、物理和哲學，並以出色的成績通過相關的全部考試。接着，他躡武自己的兄長彼得(Peter)，開始攻讀神學學位。彼得具有學術研究的天賦，但十分自負。當時，彼得已提前修完課程，正在德國攻讀博士學位。祁克果的學習進展則沒有如此順利。他對攻讀學位逐漸失去興趣，到1835年，他寫信給一位朋友，說上課對他來說味同嚼蠟，他「更喜歡一種自由的、也許……多少不太確定的學習，不喜歡客飯，因為客飯事先就讓人知道一周的

圖2　哥本哈根新廣場，1865年。祁克果生於此城。

圖3　祁克果以兩面神傑納斯(Janus)自況，自稱「一面開顏，一面啜泣」。

每一天有哪些客人，要準備什麼飯菜」（《日記》第9頁）。如此描述自己對學習的態度，實際上反映了他當時追求的生活方式，這種方式似乎是在有意反抗家庭讓他接受的嚴肅理想和嚴苛戒律。他經常大手大腳地花錢買衣服穿、買酒喝，欠債後，讓父親代為償還。他還常常接二連三地參加各種宴會，光顧咖啡館和餐館，經常去戲院和歌劇院，用他自己的話說，當時「穿着時髦，鼻子上架着眼鏡，嘴裏叼着香煙」。

祁克果曾說自己是個雙面人——「一面開顏，一面啜泣」（《日記》第47頁）。儘管從表面上看，他非常享受自己那遲遲不能畢業的讀書生活，但從這一時期的日記看，他非常不滿自己這種空虛的存在狀態，不滿自己無法找到生活的中心或重心。一方面，他悲嘆追求感官享受是徒勞的，清醒後只會留下厭倦和壓抑；另一方面，他對自己當時所學的東西很不耐煩，認為那只是單純地、刻板地追求知識和知性——「如果真理就站在面前，客觀、清晰，根本不在乎我是否了解它，如此，了解又有何用？」（《日記》第15頁）相反，他談到自己需要發現一種「思想」或「生活觀」，讓他可以毫無保留地審視自我，並且借此來羨慕地仰望那些「偉大的人物」。對這些大人物來說，只要是自己眼中最有價值的事業，他們都會不顧一切、全心全意地投身其中。事實上，有一段時間他甚至覺得，去做一個一心一意的犯罪大師也是挺吸引人的。沒錯，他讀書勤奮，拋棄了神學，轉而學習哲學和文學，後兩者為他提供了一塊訓練想像力和批判力的沃土。不過，這樣一來，他感到自己基本上成了一個生活的旁觀者，而不是一個行動者，永遠在重新體驗他人的經驗和思想，卻無法擁有任何屬於自己的東西。因此，他認為自己生活在「虛擬語氣」而不是「陳述語氣」中，絕望地把自己的處境比做一顆不會移動的棋子。

表面上看，祁克果的這段生活充滿歡樂、無憂無慮，但可以說，其背後是深深的無力和困惑之感。這種感覺一直持續到1838年。那一年，父親突然去世。父子倆的關係向來既分外親密又令人不安，可以想見，這一事件對祁克果的情感產生了巨大的影響。相對而言，比較難以預料的是，這種影響以何種形式出現。祁克果一家有七個孩子，只有兩個活了下來。祁克果大概以為，父親注定要比自己和兄長活得更久，可事實並非如此。於是，他認為父親的死是為他作出了某種「犧牲」，為的是「可能的話，我會變成某種東西」（《日記》第62頁）。所以，儘管繼承的遺產可以讓他過上舒適的生活，不必為生計去求學，但他還是認為自己現在有義務去完成大學課程，以了卻父親的夙願。他馬上認真備考，於是在兩年內，思想和前途發生了極大的變化。父親去世後不久，他出版了自己的第一本書，《來自一個生者的手稿》。此書研究的是安德森(Hans Andersen)作為一個小說家的局限性。1840年7月，他終於獲得了神學學士學位。同年9月，他宣佈與特克爾·奧爾森(Terkel Olsen)的女兒訂婚。特克爾·奧爾森是一位高官，出身名門。第二年11月，祁克果在一所神學院開始進修牧師的訓練課程，同時動筆撰寫碩士學位論文。總而言之，作為一個業餘藝術愛好者和一個花花公子的生活被遠遠拋在身後，他似乎打算成為一個負責任的丈夫，為謀到一種正式的職業身份而學習。

然而，這一切仍然不過是騙人的假相。祁克果無法忘記自己和奧爾森（Regine Olsen）的婚約，這對他日後的發展——無論是作為一個普通人，還是作為作家——無疑將起到相當重要的作用。對於這一段記憶，他在日記中無數次提到，在不同階段的創作中也經常有所暗示。不過從他後來的陳述來看，他在心中一開始就掙扎在結婚的念頭和虛幻的氛圍——至少他是這樣看的——二者間的矛盾之中。這一矛盾籠罩了兩人當時的關係。表面上看，外人的印象是他在努力做着自己的身份要求他做的一切，生活很正常。其實，他覺得，從求婚得到接受的那一天起，自己就後悔了。隨着時間的流逝，懷疑和焦慮變得越來越強烈，不過，他一直小心隱藏這樣的情緒。將近一年後，他退回婚戒，讓雷吉娜忘了那個送她婚戒的男人，因為他無法讓一個姑娘幸福，請她原諒。在此後的一段時間裏，雷吉娜努力挽回，而他決定擺出一副冷漠的樣子來加以拒絕。後來他說，這樣做，是因為當時相信，只有這樣才能「把她推出去，嫁為他人婦」。

　　無論外界如何看待他的退婚行為——當時他沒有採取任何辦法為自己挽回一點名聲，祁克果後來聲稱，退婚是他自討苦吃，內心飽受煎熬。這一點是毋庸置疑的。提到當時的情況，他認為自己不得不作出這個痛苦的決定，而這一決定使他在情感上受到極大影響。他相信自己的決定是對的，可這卻絲毫未能平

息苦悶。不過必須承認，對於這一決定的背後原因的實質，他有些躲躲閃閃。有時，他感到是「憂鬱」導致他的無能為力；有時，他又覺得自己的個性與世不容；還有些時候，他把自己稱為一個「與眾不同的」人，這使他最終無法與他人建立婚姻關係，因為這對他要求太高。不過，無論此事真相如何，毫無疑問，與雷吉娜·奧爾森分手代表了他生活中一個關鍵的轉折點。雖然獻身於基督教這一點已經不可改變，但是，他不願再認真考慮以兄長為榜樣，成為一名神職人員。相反，他成了一個獨身的隱居者，利用父親的遺產帶來的豐盈收入，全心全意地投入到寫作中。「寫作，」他此後曾說道，「就是我的生活。」

圖4　祁克果的居所阿赫特韋格豪斯（Achtwegehaus）。

的確，他的寫作已在進行當中。也許由此可以看出祁克果矛盾的心態。在當時，不幸的婚約所牽涉到的感情問題絲毫沒有影響他的工作。相反，如果說有什麼影響的話，那就是感情的波折起到了相反的效果，大大激發了他的創作激情：第一個成果就是碩士學位論文——《論諷刺概念：以蘇格拉底為例》，他不到一年就完成了這篇論文。論文複雜晦澀，評審們為此感到苦惱，其中一個抱怨這篇論文冗長囉唆、矯揉造作。祁克果在論文中運用了獨特的研究方法，這可能也使他們感到了驚訝。這篇論文預示——至少是間接地暗示了他日後諸多作品的特點：在某些方面對廣受尊敬的黑格爾哲學進行批判。同時，他間接地但隨時地利用自己個人的經歷來刻畫自己作為一個浪漫主義諷刺家的形象，認為自己是這個世界中的「陌生人和局外人」，和他人及自己永遠存在着隔閡。儘管當時人們對這篇論文持有種種保留意見，它還是在系裏獲得了通過。

同年(1841)晚些時候，祁克果離開哥本哈根去了柏林，目的是進修謝林開設的一門課程。謝林是一位德國哲學家，青年時和黑格爾過往甚密，後來卻與他分道揚鑣。現在他的觀點與黑格爾的思想水火不相容，他也以此而聞名。開始，祁克果對謝林頗有好感，贊同他的這一觀點：黑格爾試圖把具體現實這一領域等同於對一般概念或範疇的闡述，卻沒能把握本質和存在的關鍵區

別。當謝林的講授從否定的批判轉到實證的思辨時，祁克果卻越來越生氣，認為謝林思維混亂，自命不凡，認為他那一套形而上的學說「軟弱無力」。無論如何，他至此已經完全投入到屬於自己的「創業」活動之中。他於次年2月給自己的兄長寫了一封信，稱「謝林滿口胡言亂語，令人無法容忍」。接着又説，他已經決定返回哥本哈根，完成「手頭上的一本小書」（《日記》第104頁）。這本書就是《非此即彼》。在此後的幾年裏，他接二連三地寫出一系列關於哲學、文學和心理學的著作，《非此即彼》是第一本。它絕不是一本「小書」，1843年初它出版了，是厚實的兩卷本。八個月後，《重覆》和《恐懼與顫慄》面世了，接下來是《哲學片斷》和《焦慮的概念》（兩本均出版於1844年6月）、《人生道路的各個階段》（1845）和《最後的非科學附言》（1846）。這些著作都以不同的筆名出版，它們並沒有使祁克果這一時期的創作趨於枯竭：他同時還以真名發表了《十八訓導書》。和那些以筆名發表的著作不同，這本書具有明顯的宗教性質。不管以什麼標準看，如此多產都是驚人的，不過，這一成就也使他付出了相當的代價。將近五年中，他「像教會文書一樣在工作間裏埋首耕耘，幾乎一天也沒有休息」，心神疲憊。在完成《附言》[1]後，他曾考慮放棄寫作，到鄉間過日子——這並不奇怪。然而，不管他有什麼樣的計劃，還是被一件事

1　指《最後的非科學附言》，下同。——編注

打亂了，這件事在他的心靈中烙下了不可磨滅的印記。

1845年12月，一部文學論文集出版，其中有一篇文章討論祁克果的《人生道路的各個階段》，作者是默勒（P.L. Møller）。在談到祁克果對待雷吉娜·奧爾森這件事上，文章言語苛刻，含沙射影。祁克果是在求學時代認識默勒的，默勒現在雄心勃勃，要成為一名大學教授。祁克果看不起默勒的人品，他也知道默勒偷偷向《海盜》投稿。《海盜》是一份諷刺周刊，譏諷的是哥本哈根的名人，不過之前對祁克果還算尊敬。祁克果對這篇文章很生氣，也知道它出自誰手，於是他寫了一篇文章，尖銳地回擊默勒，揭露他和這本聲名不佳的雜誌有秘密聯繫。同時，他也攻擊《海盜》，將自己列為它的受害者之一，並暗示受到這樣的刊物尊敬比受它攻擊更丟臉。祁克果的惡語反擊的確大大損害了默勒的名聲和前途，不過也為他自己招來了並不好受的還擊。《海盜》的編輯接受挑戰，圖文並茂地嘲笑祁克果，一周接着一周拿他示眾，不管是他的外貌還是他的習慣，他們都不放過。這種公開的羞辱深深地刺痛了他的心，下面這段日記清楚地說明了這一點：

只要《海盜》一聲令下，連屠夫的兒子可能都覺得自己滿有理由侮辱我。大學生看到某個名人被

踩在腳下，高興不已，開懷直樂，咯咯傻笑。大學教授們嫉妒我，暗中支持這種攻擊，並散佈謠言，當然還要加上一句，說這是奇恥大辱。我哪怕僅僅是去看一個人，也會被惡意歪曲，四處傳播。如果《海盜》知道這件事，就會印出來，讓全國人民都來一飽眼福。

（《日記》第161頁）

他繼續抱怨：甚至連那些他喜歡與之為伍的人和他在一起時也感到尷尬或氣惱。他們擔心自己受到連累，成為諷刺的對象——「到最後，唯一可做的事情就是撤退，只和那些我討厭的人交往，因為和其他人交往真令人羞恥。」

他希望得到熟人的支持，卻遭到他們拋棄。這一說法可能有道理，也可能不太準確，不過，它肯定說明了在人生的這一階段他所經受的偏執而孤獨的體驗。然而，隨着時間的流逝，祁克果開始更為積極地看待自己的處境以及導致這一處境產生的行為。他不僅勇於反抗某一愛管閒事的雜誌的威脅，而且準備獨自承擔這種反抗的後果。並且，他通過自己的親身經歷，了解了人們怯懦的從眾心理，對個人的正直缺乏尊敬。在有了這些經歷之後，他終於放棄原先退隱田園的想法。他相信，目前「文學的、社會的和政治的形勢」要求一個「超凡脫俗者」準備以真理的名義

來說話。這裏的真理是基督教的真理。他認為自己的才學和品性適合擔當這一任務。無疑,他懷着神授的使命感,決意一直忠實於自己的創作事業。他認為自己有必要再次「駛入廣闊的大海,無論是否受神之恩惠,都完全聽命於上帝」(《日記》第192頁)。

因此,儘管1846年的事件帶來的創傷不斷出現在記憶中,祁克果仍然繼續從前那種表面平靜但內心熱烈的生活軌跡。這種生活方式當然不缺少物質方面的支持。為了讓自己有舒宜的工作環境,他大筆地支取繼承來的遺產:定期讓人把精緻的飯菜送到他裝飾高雅的公寓裏,開懷暢飲美酒;夏天,他繼而僱車遊玩鄉野。他並不掩飾自己的奢華,不過他堅持認為,要寫出好東西,就得過好生活。然而,他要告訴世人的東西卻令人很不舒服。他相信,當今的社會千瘡百孔,充滿虛偽、自滿和自欺,這在宗教思想和禮儀中表現得尤為突出。所以他要令世人震驚,要他們因此而意識到自己的處境。《文學評論》(1846)、《不同精神的訓導書》和《愛之作》(1847)以及《基督教論辯》(1848)這樣的作品為他之後的兩部主要作品作了鋪墊。這兩部作品和前面的這幾部不一樣,是用筆名發表的。用筆名是為了讓讀者正確理解其中所涉及的思想:《致死的疾病》(1849)深入研究精神的病態,在某些方面,這些研究和他早先的《焦慮的概念》是一脈相承的;在《基督教訓練》(1850)中有一個鮮明

的對比，即基督教信仰要求信仰者所擁有的觀念和一種淺薄的或世俗的觀念之間的對比，後者以基督教信仰的名義進行廣泛的散佈。這些作品是祁克果邁出的重要一步，它們的交相輝印標誌着他學術生涯的頂峰。

相對而言，在19世紀50年代早期，他實際上發表的著作並不多，然而這證明了他此時不過是要喘一口氣，以便接下來以更為公開、更具顛覆性的方式對抗流行思潮。這些著作首先將矛頭對準受人尊敬的教會權貴的名聲。1854年，丹麥大主教明斯特(Mynster)去世，其繼任者為馬滕森(Hans Martensen)。馬滕森是一位神學家，在大學裏曾是祁克果的導師之一。他在明斯特的葬禮上致悼詞，稱其為「真理的見證人」。他從前的這位學生認為這一說法尤為不妥。雖然明斯特和祁克果的父親有私交，祁克果卻越來越相信，此人典型地表現了在對待基督教方面自滿自得、自律不嚴的態度。祁克果在自己的著作中批判的正是這種態度。因此，在同年12月，他著文對馬滕森的話表示了極大的輕蔑，接着又擴而展之，將攻擊的目標指向官方的基督教——「基督教世界」——所代表的一切，諷刺和挖苦它的支持者和代表者內心所懷有的動機。他的中心論點是，教會基本上已經成了一個世俗機構，和國家關係密切，為官僚所控制；這些人首要關心

的是攫取更多的物質利益，他們用虛偽的空談來掩蓋教會活動的真正目的。如果要發現這些人所用術語的真正含義，就必須從反面來讀解它們。例如，宣揚《聖經》關於貧窮的觀點，應該被理解為追求有利可圖之事；對世俗利益的譴責便是對這些利益的攫取。這就好像人們常用「再見」這個詞來表示他已經來過——「要是一個人聽到『再見』這個詞，怎麼會想到一個人正在趕往這裏呢？」由此，祁克果暗示，教會聲稱為公眾服務，贏得無比的信任，卻又對他們撒下彌天大謊。最後，他號召自己的讀者徹底退出「官方的崇拜」，如此，他們才不會同流合污，欺騙上帝。他的這些觀點首先通過公共傳媒發表，後來印在他自費出版的名為《瞬間》的大字報上。

祁克果孤身對抗教會機構及權威人士，他極為雄辯，挖苦入木三分。這種激情令近來一些評論者想起他的同時代人馬克思，馬克思以同樣的激情試圖揭露19世紀資本主義社會虛偽的意識形態。毫無疑問，祁克果的觀點在某些地方引發了憤怒，甚至招來恐嚇。人們表示抗議，要求採取行動，以對付這一在他們看來具有破壞性的騷動。然而出人意料的是，他向公眾論戰這一領域發動的凶猛進攻歷時短暫。1855年10月初，他在街上癱倒，幾星期後死於醫院。葬禮在哥本哈根大教堂舉行，他的兄長向大

批的會眾發表講話，既讚賞祁克果的成就，也為他在去世前最後一段時間裏所表現出來的混亂的判斷而感到遺憾。如果祁克果事先得知這些，人們的這些舉動恐怕又要遭到諷刺。

第二章
哲學背景

祁克果有無數的評註者，不管他們在其他方面意見如何分歧，卻都傾向於同意他不是一般意義上或傳統意義上的哲學家。一般而言，人們認為，他寫作的總體風格和思考的方向與在他寫作前的約二百年間形成的、典型的哲學研究方法和目的大相徑庭。讀者若是指望在他的著作裏看到清晰的論證、細緻表述的前提和明確的結論，那麼，他們通常會感到失望。在這方面，他表述觀點的典型方式不僅與笛卡爾（René Descartes）和斯賓諾莎（Baruch Spinoza）等講究秩序的哲學家那種嚴密的步步論證截然不同，而且與洛克（John Locke）和貝克萊（George Berkeley）這些崇尚經驗的哲學家偏愛的、更為隨意的表述模式也大不一樣。17世紀和18世紀的哲學家所關心的核心話題，他也並不太着力研究。他全心追求的也不是關於宇宙基本結構的認知或人們對實在之本質和領域的認識。他那些偉大的前輩們雄心勃勃，要在理論創新上幹一番大事業——這種雄心壯志深深受到自然科學所取得的極大成就的影響。如果說依其性情和信念，祁克果堅決反對前輩

的這些雄心壯志，那是值得商榷的。典型的「思辨」思想家不願思考日常生活的偶然事件，他高高在上，冷靜地思索關於存在的問題。這樣的思想家很可能無法令他信服，甚至令他反感。除此之外，他有可能認為，這樣的思想家冷漠地對待於普通人而言是重要的東西，這些「系統遵循者和客觀的哲學家」無視普通人的真正利益。因此，有些批評家認為在浪漫主義對歐洲啟蒙運動的反叛中，他是一個極端的代表，而另外一些批評家則認為他不是哲學家，而是反哲學家——不僅因為他贊同不帶偏見地進行研究，而且因為對那些帶着偏見進行研究的人們所得出的設想，他積極地予以解構。對以上這些觀點的思考必須留待後論。不過，無論如何，如果我們覺得可以孤立地理解祁克果的思想和意圖，而不去考慮這些思想和意圖與他那個時代的哲學家廣泛爭論的主題有何關係，那就大錯特錯了。一般而言，他最關心的主題與前輩哲學家討論的主流並非一脈相承，不過，前輩的討論留下的許多話題無疑成為他最為關心的內容。這些內容涉及人類經驗在倫理上和宗教上的向度，它們又引出關於倫理和宗教二者的地位和存在之合理性這些根本問題。由此，如果說從一方面來看祁克果所關注的問題來自他個人的生活和品性，那麼另一方面，我們可以認為，他目的明確，就是要挑戰自己那個時代廣泛流行的道德及宗教思想。

康德和休謨

　　祁克果提出的是什麼樣的挑戰？這種挑戰又起因於何處？要回答這些問題，最便捷的起點便是去看一看18世紀末康德(Immanuel Kant, 1724–1804)提出的某些觀點。不管祁克果採用的是什麼樣的研究方法，康德自己的哲學毫無疑問是針對他那個時代哲學研究的核心問題。康德一向堅信，在探究物質世界時，我們必須與自然科學的成就達成妥協。具體而言，他從未質疑過牛頓對世界所作的描述的意義，也從不打算大大貶低這種意義對系統研究的未來所具有的重要性。不過，他同時深刻地意識到，這種研究到底能涵蓋多大的範圍，這在哲學層面上仍存在爭議。自然科學家所利用的這一類經驗手段是不是我們唯一可利用的方法？或者——如有些理論家所主張的那樣——我們對實在的理解是否可以達到更高的層次，不再受制於經驗，而是只基於思想和原則，這種思想和原則的有效性可由獨立的理性之眼洞穿？康德的首要目的之一便是一勞永逸地平息這些爭論。在《純粹理性批判》中，他力證要獲得知識，光憑理性或感官經驗中的哪一個都不行，二者都十分重要。在康德看來，對於感官提供的信息，人的心靈有一套先驗的模式和概念，它們成為一種基礎結構。的確，人的認知必須遵從這一結構，同時，對這些模式和概念的合理運用只能限制在感官領域中，任何人若想依據它們來挖掘處於感

官領域之外的真理，那必定是行不通的。根據這一點，康德嚴格區分自然科學提出的假想和旨在了解事物的超感覺或先驗秩序的認知性主張。自然科學的假想可以通過實驗和觀察得到證實，事物的超感覺或先驗秩序則超越了這些實驗和觀察所涉及的過程。關於先驗理論的種種觀點屬於「教條的」或思辨的形而上學，是一種「陳舊而詭辯的偽科學」，他相信這類主張最終已由他自己證明是無力的、沒有根據的。正如他在另一個地方這樣說道：「對事物的了解，如果全部基於純粹的知性或純粹的理性，那不過是幻覺，真理只存在於經驗中。」

康德反對人們追求思辨的形而上學，雖然他的觀點非常新穎，極為雄辯，不過大致說來，其觀點和先於他的休謨(David Hume, 1711–1776)早已提出的思想仍有一致性。此外，康德認識到，這些反對意見帶來的結果超越了學術研究，這一點和休謨的想法同樣類似。幾個世紀以來，人們一直努力求證基督教的基本命題，其中最重要的是關於存在以及上帝之本質的命題，而這些反對意見對上述努力顯然造成了衝擊：康德認為，他的幾個批判無疑得出這樣的結論，即「就神學來說，純粹從思辨的角度運用理性的所有努力絕對是徒勞的，如此運用其內在本質也是完全無效的」。即便如此，至於從這些失敗的努力中應該得出什麼樣的教訓，兩位思想家的觀點卻有着重要的區

別。對於這一領域裏的「自然理性的瑕疵」，休謨的態度是懷疑和諷刺。對此，他的《人類理解研究》中有一段著名的話。在這段話中，他暗示，任何有理性的人只有「在自己身上連續不斷地」感受到「聖跡」，才會真心實意地接受基督教的教義。相比之下，康德沒有休謨那麼盛氣凌人，他的反應更為複雜，這表現在他的一個絕非出於諷刺的觀點中：為了給信仰留下空間，有必要否定知識。這一多少有些模糊的觀點會引出什麼樣的讀解呢？

　　不管康德在思辨的形而上學中看出了什麼樣的混亂，我們不應認為他因此就希望徹底鏟除超知覺領域這一概念。實際上，他自己提出的「先驗的唯心論」可以說就是以超知覺領域為前提的。這種唯心論認為，由能感覺到的表象物體構成的經驗世界和經驗難以理解的物質的「本體」世界是不同的。他確實認為，關於這一領域，任何理論層面上的認識都是不可能的。因此，既然思辨性神學的見解意在使我們看到關於超知覺顯而易見的種種真理，它們當然是令人難以接受的。有些人認為，我們有可能清楚地表明這些見解是錯誤的——這也是令人難以接受的：在此方面，無神論者比有神論者好不到哪裏去。這讓人感到，康德因此認為他的立場至少可以保護宗教信仰的宗旨，使之不會受到「教條的」批判的攻擊。不過，他也相信，他可以採取進一步的行動來為其辯護。這

包括把注意力從思辨地或理論地運用理性轉移到對理性的實際運用上來，並且對他來說，這意味着考慮關於道德意識的假設。正是在這裏，具有實際意義的理性清楚地彰顯自己。

啟蒙運動的許多作家喜歡採用自然主義方法來研究道德，休謨也提出了這種研究方法相應的心理學版本。從一個角度看，康德的倫理理論提出了另一種研究方法。例如，康德並不接受休謨的觀點，這種觀點認為一切行為，連同判定它們是否道德的標準，最終必須結合人的激情和慾望來闡釋或讀解。康德認為，這種方法依據偶然出現的需要和情感來進行道德的抉擇和評價，這相當於把這些抉擇和評價降低到完全主觀的層面，當然會產生變數。然而，如此界定它們的地位又與一個已然確立的觀念相衝突，這個觀念便是：基本的道德準則是放之四海而皆準的，它約束所有的人，與人們所處的環境無關，也不受制於個人的喜好或癖性。對於道德的客觀要求，我們有難以消除的直覺，而這一觀點與我們的直覺相衝突，僅僅這一點就足以使之令人難以置信。不過，並不能由此斷定，我們應該回到那個當時被遵從的觀點，即這些要求之所以正當，是因為它們反映了一個被宣稱的事實：它們表達了上帝的意願，代表了他的命令。至少按傳統的理解，這後一種思想與康德的思想格格不入：除了所面臨的其他反對意見，它還暗示，個體必

須服從一個外在權威的判斷和指揮，該個體因而犧牲了作為一個理性行動者應有的自主和獨立。在康德看來，正是這種理性的實踐構成了道德思維和行動的本質。他並不打算否認，理性在我們的行為中起着次要作用，它只表明我們實現自然慾望和目標所採用的方式。不過，他堅持認為，我們之所以有能力成為一種道德的存在，是因為我們能夠抵禦「感官」慾望的刺激，決心只服從我們為自己定下的原則。這些原則不是基於經驗因素，而是服從純粹的形式條件，這樣它們才可以成為人人都應該遵守的原則——在這個意義上可以說，它們只源於理性，所以凡是理性的行動者，都必須接受這種行為規範。在貫徹（他相信是）這一學說的全部意義時，康德提出了一種理論，這一理論不但將道德主張等同於我們需要絕對服從的義務，而且把後者比作完全超越自然情感和慾望的自主理性的判斷。

乍看之下，康德堅持把理性看做道德要求的首要條件，這要求道德自然而然地獨立於宗教。它肯定要拒絕以神學為基礎的傳統倫理觀，而不會援引某一神靈的旨意來驗證道德規則。不過，還有另一種可能性：道德與宗教的關係可能與一般人所想的正好相反，道德支持宗教信仰，而不是顛覆它。康德便持這樣的看法，他認為，某些信念與純粹理性在實際意義或道德意義上的「利益」密切相關，而這些信念的基

本要點就是與超知覺有關的思想，其中之一便是自由的概念。他似乎很清楚：我們認為自己是負責任的道德行動者，其前提是我們有能力作出理性的選擇。如果我們的行動完全被自然的因果關係所左右，那麼，這種能力就不會為我們所有。不過，如果我們僅僅把自己看做經驗世界的一員，在這個世界裏（他認為）一切都服從於因果關係，那麼這一假定就很難說得通。因此，如果我們採取了道德的立場，我們就要相信，經驗的術語無法把握我們存在的某一個方面。對於康德而言，這就意味着把我們自身視為屬於本體的或「只能用智力了解的」物質世界，同時也屬於感官經驗的現象世界。這還不是全部。他認為，道德除了承載意志的自由，還與宗教的基本宗旨有着更為具體的關聯。因此，他提出，我們有道德意識，知道自己有義務發揚被他稱為summum bonum的「最高之善」，也知道與此有關的另一個義務是追求作為個體的道德完善。就第一種義務而言，所提到的善的最終實現是達到一種狀態，在這種狀態中，快樂被公正地分配到道德的荒漠中。不過，我們——現實中的人和事——顯然無法指望只依靠自己就能達到這種狀態。不過，既然我們義不容辭要推進它，我們當然會認為，這種狀態是可以達到的。而在康德看來，這就需要假定有一種超知覺的力量，它能夠保證我們的努力不會白費：正如他在《實踐理性批判》中所說的，「我們只有設

想存在一個至高的自然推動力，最高之善才有可能在這個世界上實現」；既然這個推動力要「通過知性和意志」來起作用，那它就只能是上帝。同樣地，他認為，我們有責任達到道德的完善，不過，個體在充滿偶然性的塵世中是絕不能完成這一目標的。因此，他就有必要假定，這種責任要超越塵世的羈絆，通過「無數的進步」來實現這一完善。用宗教的術語來說，就是達到靈魂的不朽。

在提出這些觀點時，康德強調只能通過「一種實際的視角」來建立上帝、自由和不朽這些範疇的存在。從純理論的角度看，我們無法證實也無法反駁它們。換言之，在這裏，沒有(比如說)科學或數學意義上的那種知識。此外，他不希望人們認為他是在為一種歷史信念提供哲學基礎，這種信念認為存在着神定的人或超自然事件，人們常常利用這些人或事件來證明其宗教信念。在他看來，我們只能把《聖經》裏那些令人難以置信的故事理解為一種寓言，而不能從字面上去理解，應該把它們看成是為基本的道德理想提供了「誘因」。許多啟蒙運動的批評家把某些觀點說成是「迷信」，在他心裏，「為信仰騰出空間」不是為這些觀點正名。相反，它指的是「信仰純粹的實用理性」，它牢牢地建立在道德意識的權威判斷中，這才是他努力要正名的；凡低於此，都在考慮之外。

或者說，至少看起來如此。不過，一些讀過康德

著作的人認為，他的主張似乎暴露了他的意圖有些矛盾，其真正的含義尚不明確。因此，他有時肯定樂於聲稱道德抱負所隱藏的信念「增長」了我們的見識，使我們能夠積極地去肯定那些理論研究無法理解的事情。不過，這類主張顯然受到他另外的話的限制。按我們的理解，這些話暗示此處提到的信念只具有主觀上的意義。當然，這種暗示比較謹慎，也不太確定。即便我們的倫理思考以這些信念為前提，它們也不能因此便具有客觀的正確性：倫理觀向我們提出什麼樣的命題是一回事，這些命題是不是真實的又是另一回事。我們如果要接受這種道德觀，可能就必須接受這些命題所代表的信念，不過，它們因此而獲得的確定性「不是邏輯上的而是道德上的」。的確，他在一些地方明確寫道，他想要認同的信仰要求人們接受它的觀點，似乎這與意志有關，而與智力無關。這似乎指向關於信仰之地位的另一個大不相同的概念。

人們也許會懷疑，認為康德對這種含糊不清已心知肚明，他意識到了自己思想中的這種不和諧，可無法完滿地解決這個問題。不過，無論這種含糊達到怎樣的程度，他無疑十分強調某些觀點，這些觀點對後世在界定宗教信仰的性質和地位這一方面產生了深刻而長遠的影響。許多後繼者認為，顯然康德至少最終消除了有人希望遵循傳統的神學觀念，並用理性為之辯護這種企圖。即便如此，他並不就此滿足。他訴諸

道德經驗的判斷，儘管從其他方面看，這種道德經驗可能是模糊的、不確定的，有些人仍然認為它提出了一個新的視角，通過這一視角我們可以理解宗教觀念和宗教抱負。換言之，原來人們一味從理論上研究宗教信仰在認知上是否正確，現在視角似乎可以轉向作為這些信仰之源頭的主觀意識的本質，後者可以收穫更豐，我們也會受益更大。對於這種改變後的觀點，據說兩位哲學家——費希特(J.G. Fichte, 1762–1814)和施萊爾馬赫(F.D.E. Schleiermacher, 1768–1834)——有着截然不同的表述。康德強調宗教立場的倫理意義，費希特重申了這一點，不過同時進行了極度的扭曲。他在論文《論我們相信一個普遍的神聖政府的基礎》中不厭其煩地批評人們努力證明，出於一個聰明的創造者或天才的想法，才會有這個世界的存在。他認為這是一種誤導。上帝是一個「獨立的存在物」或是具有人形的力量，這一觀念不可思議，我們無法對其進行清晰的邏輯分析，而應該用「道德世界的秩序」這一概念來替代它。作為實際的存在，我們必然歸屬於這個「道德世界的秩序」；身在其中，我們能確定善行肯定會成功，而惡行肯定會失敗。並且，我們相信這樣一種秩序是道德意識的「基本前提」，因而不容爭論或驗證。和費希特不同的是，施萊爾馬赫認為，宗教的源泉無法在自主的倫理觀這一範疇內找到，而是存在於一種共有的感覺中，這種感覺依賴於某種神

性的實在，它本身是不可知的，概念性思維無法把握它。不過，兩位哲學家都同意只表述他們認為對宗教意識來說是非常重要的東西，同意不從理論上證實其假定的目標。不管如何討論後者，他們反正不會涉足理性探究。

黑格爾的體系

從哲學角度看，這些以主觀為中心的方法在多大程度上足以充當與宗教達成妥協的方式呢？一位德國大哲學家認為它們難當此任。他致力於證明，我們也許可以將基督教的基本信條理解為盛放客觀真理的倉庫。這位哲學家就是黑格爾（G.W.F. Hegel, 1770–1831）。

黑格爾在學術生涯的一開始就非常關注如何確定宗教信仰的地位。早年未出版的手稿表明，他起先傾向於採取的立場在某些方面與康德類似。因此在開始時他視道德為構建「一切宗教的目標和本質」，認為耶穌詮釋了康德式的倫理觀，這種倫理觀最終服從的只有「普遍理性」的自由實踐。不過，他同時深深地質疑神學的教條，聲稱這些教條所包括的觀點無法得到理性的證實，並且完全順從外在的「權威」，讓人無法接受。黑格爾後來廣泛批評了他所稱的制度化基督教的「實證性」，包括權威教會的學說及行為。他的某些評註者把這一點與啟蒙運動的一些反教權主義

圖5　黑格爾(1770-1831)。

代表對基督教的特別攻擊聯繫起來。鑑於他對神學的
質疑，我們對此並不感到奇怪。不過在重要的方面，
這些表面現象具有欺騙性。即便是在這個階段，他的
口吻與其說是超然的諷刺或嘲弄，還不如說是個人不
滿。隨着思想一步步發展，他變得越來越傾向於認為
宗教信條創造了人的精神，這種精神需要我們進行審
慎而富於同情心的研究——不能僅僅因為它們是出於
過時的無知和迷信而創造出來的荒唐之物而將其一筆
勾銷。在他1800年的一份重要手稿的字句中，時間已
經「推斷出，如今被否定的教理神學其實出於……人
之本性的需要，因而是自然的，有必要的」。這裏的

部分意思是將宗教解釋成一種歷史現象，它能表現人之心靈在其進化的各個階段所具有的潛力。不過，人們後來知道，黑格爾對宗教思想史的興趣並不局限在經驗理解和研究上，它進一步涉及另一個方面，該方面的重要性只能放在黑格爾形而上學的框架中去理解。因為在他成熟的著作中，黑格爾開始視宗教為一種意識模式，這一模式早先反映了人對作為一個整體的實在之本質的基本理解，後來才進化到某一程度。此外，他認為，在自己的哲學框架中，他明白易懂地表述了這一基本理解的真正含義，使之最終變得清晰起來。

在祁克果的許多著作中，著名的黑格爾「體系」無所不在，因此可以說，這一體系的出現在某種意義上是其作者的宗教思想發展之延伸。不過，若以為黑格爾建構這一體系意在承襲傳統，從而在哲學上為宗教學說辯護，那就錯了。因為黑格爾認為，按傳統觀點，這一學說表現了我們思想和知識裏所固有的種種對立，他的哲學就是要克服這些對立。要想知道他為什麼有此信念，必須大致了解一下他那最終成形的哲學的脈絡。黑格爾的哲學體系和某些我們所熟悉的對我們生存於其中的自然界和社會的理解方式極為不同。在日常生活或常識的層面上，（他認為）我們將自然領域看做是與我們分離的，它完全獨立地存在。此外，我們與他人——無論是個體還是集體——的交往

是一種純粹外在的交往，彼此是分離的。在他看來，無論是在理論上還是在實踐中，這種傾向都將帶來問題。在理論上，世界似乎完全處於我們的認知能力之外。早先的哲學家在描述人的知識能達到什麼樣的程度時，都被這個問題所困擾。康德一派最近宣稱，終極的實在由不可知的「事物本身」構成，它們被一道不可逾越的鴻溝與人類的思想和意識分離開來。這再次彰顯了這一困擾。在實踐中，人們有時候會感到自己疏離於自己所屬的社會，在這個社會中，人們追求不同的目標。黑格爾把這種狀況定義為「異化」，即出於種種原因，個體認為自己是孤立無援的，完全依賴自我，依靠自己的判斷或意志去設計行為準則。這令我們再次想到康德哲學的某些方面，在此即所謂的道德行動者的自主性，這一行動者被描述為最終完全依靠自己的理性本質或「本體」自我的判斷。

　　無論黑格爾對康德的倫理觀原先是怎麼看的，他後來批評了這一倫理觀，認為它重覆了在人類經驗的不同階段反覆出現的張力和分裂，這些張力和分裂在認知上和道德上產生許多不滿和不安。為什麼會出現這種情況？如何克服？解決的辦法在於借用「絕對精神」或精神(Geist)對實在進行闡釋。黑格爾認為，我們感到陌生或成為「他者」，這事實上是囊括一切的宇宙進程的表現方式，我們參與到這一進程中，它潛在的本質是精神的或心理的。

黑格爾的邏輯理論意在表明，事物最內在的真實——「其本來面目，沒有外殼」——可以用思維的普遍範疇來表達，而這種思維是按照「辯證的」必然定律來闡明的。他關於自然和歷史的哲學表明，精神本來外化表現為一種無意識的自然領域，後來，在人類意識的發展中，它漸漸實現其基本的特色。這出現在兩個層面。在實踐的層面上，它表現在交替出現的歷史社會中，促使一類由理性控制的社區出現，個體可以在主觀上認同該社區的客觀體制，樂於接受其道德要求——對於它強加給自己的一套套規則和義務，個體會認為全都符合自己作為一個自由而理性的存在和一個追求完滿的行動者的基本利益。在思辨的層面上，這個世界被視為心靈的產物，我們的思維方式反映了它的基本結構：用黑格爾的話說，它是「知識之目標……使與我們對立的客觀世界不再顯得陌生，並且正如有人所言，使我們在其中找到棲居之處；亦即，將客觀世界回溯到觀念那裏——回溯到最本真的自我」。這就是說，對我們而言，現實不再是無法縮減的、獨立於我們的外部事物，而通過人的意識這一媒介，精神將獲得對自身完全而令人滿意的理解。

　　的確，黑格爾暗示，他的哲學已經獲得了這種理想的完滿。除此之外，他還表述了人的思維以何種方式穿過一系列的不完整、不充份，逐漸接近被他稱為「絕對知識」的層次。在這個過程中，他相信自己已

經成功地揭示了宗教內在的或隱蔽的含義。不斷進化的宗教觀念可以說表現了人對這個世界的精神意義不斷發展的洞察，這種洞察在基督教中獲得了其最高形式——「絕對宗教」。不過，在他看來，上述洞察是通過比喻或神話來表達的，認識到這一點很重要。如果照字面理解，或者光看其表面價值，宗教信條不僅在理性上無法接受，而且容易導致極端的誤解。例如，上帝是一種先驗的存在，人類對他的依賴關係是外在的。在神學層面上，這反映了一種思維模式，而黑格爾的方法很明確，就是要取而代之。這種思維模式和一種歷史觀有聯繫，黑格爾在《精神現象學》中把這種歷史觀稱為「不快意識」，它具體表現在潛在性這一非塵世的「彼處」，人類作為承載精神的工具，注定要在現世的存在層面實現這些潛在性。他的目的當然不是為這些思想正名，更不是為其辯護。另一方面，如果要正確理解宗教信仰，那就是它形象地表達了黑格爾在自己的理論中用概念表述和證實的命題：如此，基督教關於墮落和隨後通過基督道成肉身而獲得拯救的學說，就可以與黑格爾的觀點不謀而合，即精神通過他所說的方式克服內在的分裂，最終回歸自我，通過人達到絕對的完滿，也了解了自己的本質。據此看來，基督教無論是在實踐意義還是在其他意義上，都不是——或不僅僅是——一種主觀信仰。若能正確看待基督教，那麼其內容在理性上是可

圖6 《基督祝福孩子們》，充滿慈愛的基督像。神學的秘密最終被證明是人類學。

以接受的，在客觀上也是有根據的。因此，它顯然最終在黑格爾的哲學體系這一好客的大院裏找到了可靠的安身之處。理性和宗教達成了和解。

可代價是什麼呢？主張基督教的內容和黑格爾主義的內容是一樣的，這又意味着什麼呢？這位大師有一些更為激進的追隨者，被稱為青年黑格爾派。他們勇擔重任，探究自己所認為的上述主張的真正含義。施特勞斯(D.F. Strauss, 1808–1874)的《耶穌傳》(1835)影響極大，該書評述了福音書裏的故事。作者認為，我們必須恰當地關注「古代世界以及那個時代人們的精神」，以此來評價這些故事。思想只能通過具體的和準歷史的形式來表達其基本觀點，於是有了「神—人」這一形象，它神秘地融合了神性和人性。不過，如果從哲學這一更高的立場來觀察，並且同時剝掉基督教神話的表飾，則基督教關於上帝道成肉身的教義就可以被視為象徵了精神和自然的合二為一，這種結合在作為整體的人類這一物種的生活和演化中得到表現。如此，困擾傳統宗教信仰教義的二元論，即上帝和人屬於不同的存在領域，必須被新觀念所取代，即「神之本質」僅在人身上就可以實現。上帝和人實際是一體。由此，我們很容易就可以得到這樣的論斷——費爾巴哈(Ludwig Feuerbach, 1804–1872)明確地發展了它：宗教裏的上帝不過外化了人自己的本質和基本特性，這種外化的形式是想像的、理想化的。

説神威居於世界之上，要求世人的崇拜和服從，這是一種幻覺，一個「人類心靈之夢」；說到底，人對上帝的了解不過是他對自己的了解。因此，黑格爾派想用理性去證實宗教的種種觀念的抱負，在一種要求切實取代這些觀念的理論那裏達到了頂峰。正如費爾巴哈本人曾簡潔概括的，神學的秘密最終被證明是人類學。

第三章
一個時代的不道德性

　　對上一章所描述的哲學的發展，祁克果的反應是複雜的。正如他在不同的著作裏非常明確地表明的，他非常讚賞康德全然反對通過理論方法論證基督正教的基本教義。另一方面，康德的批判性哲學留下了一些問題，對解決這些問題的種種努力，他似乎又難以接受。因為這些努力實際上是在以這樣或那樣的方式竭力證實基督教信仰的合理性。從好的方面講，這種合理性涉及基督教信仰的虛弱；在最壞的情況下，則涉及它的完全轉化。

　　實際上，對於康德最初的信念，即宗教信仰不是一個知識的問題，而是一個信念的問題，祁克果絕非不贊同。之後，他以自己的方式大量地探討康德的這一觀點。不過，還有另一點——康德自己一直是這樣做的——要說明一下，即通過利用理性的倫理力量，可以多少迴避理論的或認知的理性的局限。與「實踐理性的基本原理」一樣，信仰上帝和相信個人的不朽必須以道德意識為前提——這一觀點相當於把道德而不是宗教當做人類關注的中心話題；此外，正是從這

一見解得出的推論使基督教的歷史方面有可能被大大地邊緣化。由於黑格爾哲學立志要表明，對宗教可以進行這樣的詮釋，即它歸根結底是客觀真理的倉庫。如此一來，上面提到的這些難題（如果是難題的話）不僅遠遠沒有得到解決，反而變得更為嚴重。宗教觀念應被解釋成在人類思維的原始和神話階段所表述的東西，其潛在的意義有待一個包羅萬象的形而上學體系把它們放到自己的基本框架中去明確表述——這一觀點可能已經得到許多當代神學家的接受。不過，在祁克果眼裏，這實際上意味着對基督教要義的極端修正，最終是要用另一套完全不同的準則去取代它。如此，無論黑格爾如何表白他的意圖，我們至少感到，與那些對黑格爾思想的基本要義持歡迎態度、認為它從理性上證實了傳統教義的人們相比，青年黑格爾派更具洞察力，更能把握黑格爾思想的基本要義。乍看之下，形而上學的唯心論和人本主義的無神論有天壤之別，不過，如果用黑格爾對絕對精神神秘而隱晦的暗示來取代對人類具體活動的指稱，那麼二者之間的相互轉化並不難看出來。

即便如此，丹麥還是有一些詭辯的思想家——馬滕森就是其中之一，他曾是祁克果的導師——對「最新的德國哲學」印象深刻，認為基督正教對這種哲學的隱含意義無須懼怕。在他們看來，這種哲學根本不會威脅到宗教所堅持的原理，相反，只要運用黑格爾

圖7 康德(1724-1804)。

體系的範疇作為媒介，就可以表明這些原理如何能夠完好無損地保存下來，並且能夠完全符合理性的要求。不過問題來了，比如這種極端的誤解是如何產生

的？又是如何廣泛流行的？答案部分在於無法理解這一體系本身的結構，部分在於無法認識到恰當理解的基督教包括哪些內容。這兩個「無法」的原因又在於人們普遍無法把握在祁克果看來具有更為根本的意義、由此也是需要優先考慮的問題。用他自己的話說，那就是：

> 我最主要的想法是，在我們這個時代，知識大大增加，我們因而忘了存在是什麼意思，也忘了內在性意味着什麼，由此思辨哲學和基督教之間的誤解便可以得到解釋。現在，為了不至於太過匆忙地接近宗教的存在模式，我決心盡可能回溯，對宗教具體的存在模式不置一詞……如果人們已經忘了存在在宗教中是什麼意義，他們當然也就忘了作為人的存在是什麼意義。因此，這一點必須闡明。不過，最重要的是，不能教條行事，因為這樣一來，這種誤解立刻在新的誤解中努力解釋自己，似乎存在就是為了了解這個或那個。
>
> （《附言》第223頁）

如果有人聲稱，人們有可能忘記存在是什麼意思，乍一聽我們想必會大惑不解，似乎存在是這樣一種東西，我們可以清楚地說出自己是否加入到其中或親身經歷過它，就像游泳或頭疼一樣。一點沒錯，近來，

圖8　腹語者。祁克果聲言一種「腹語術」已經產生；人們奔向一個觀念與學說的非個性化世界以尋求庇護，卻不願直面事實，為自己的生活、性格以及觀點負起最終責任。

祁克果許多存在主義的追隨者並不反對討論這一看法，而這些討論方式又很容易引起情理之中的困惑。不過，在當前這種背景下，他所說的沒有什麼會引起邏輯上的不安。相對而言，祁克果的觀點很清楚，他相信同時代的大多數人傾向於用某種方式思考自己，也以這種方式行事度日，而他的觀點就是關注這種方式。他由此認為，這些人屈從於一種冷漠的、沒有個性的意識模式，這種模式阻礙自然的情感，對自我身份缺乏安全感。他們喜歡用「抽象的」術語把一切看做理論上的可能性，他們考慮這些可能性，卻不願傾注心力於這些可能性的具體實現。如果說他們關注自己的態度或情感，那也是通過偽科學的表述或充滿陳詞濫調的話語這一層濃霧，這些都是從書本或報紙裏學來的，而非直接源於內在經驗的靈光。生活已經變得與認知有關，而與行動無關；它積累信息，死記硬背地學習，而非經由個人的激情或信仰來作出決定。這就形成一種觀念，這種觀念只通過固定的反應和機械的反饋來了解一切；人們知道他們應該說什麼，但對自己所用的詞彙不再賦予任何真正的意義。對此，祁克果在《文學評論》中寫了一篇相當長的文章，題目是《當今時代》，他說：

> 事實上，一切事情都有指導手冊，很快全世界的教育都將意味着背誦更多或較少的評注，人們是

否優秀，將看他們挑選不同事實的本領有多大，這種挑選就像印刷工挑選字母一樣，完全不在乎其意義。

（《當今時代》第88-89頁）

而且，伴隨這些趨勢的是另一種傾向，即人們認同難以確定的抽象術語如「人性」或「公眾」，由此不再對自己的所思和所言負有個人的責任。大致說來，數量給人以安全感：「人人都有自己的見解，不過為了得到一種見解，他們不得不在數量上結合起來。」（《當今時代》第91頁）在實際行為這一層面上多少也有類似的看法。人們喜歡說自己是「按原則」辦事，不過他們傾向於認為自己所說的原則來自純粹外在的或客觀的權威，與行動者本人的喜好或關切無關，所以，我們可以「『按原則』做任何事情，並且逃避一切個人責任」（《當今時代》第85頁）。祁克果在其他地方說過，「沒人，沒有一個人，敢說我」；相反，「腹語術[1]」變成了一種嚴格規定——普通人成為公共意見的傳聲筒，教授成為理論假設的傳聲筒，牧師成為宗教思考的傳聲筒。所有人都以不同方式成為抽象概念的奴隸，他們視這些概念為獨立存在的現實。他們不願面對這一事實，即人人最終都應對自己的生活、品性和觀念負責，相反，他們躲入具體化的觀念

1　一種發聲的技巧，聲音彷彿來自它處，如來自木偶。——譯注

和信條這一剝奪個性的領地裏。

祁克果批判這些公開宣稱的傾向，認為它們構成了「這個時代具體的不道德性」──他設想自己任務的獨特方式就應該放到這樣的背景下去考察。他不厭其煩地一再重覆，這一時期的思考是缺乏激情的，理解是孤立的。不過，如果因此認為他反對這樣的客觀研究──有時他就受到這樣的批評──那是錯誤的。通過協作有條不紊地追求客觀知識，只要這種追求不超過適當範圍就完全合理，如歷史學和自然科學中的情形。不過，如果人們利用適合這些學科的方法去研究不真正適用它們的領域，就會出現迷惑和自欺。因為這樣一來，他們便看不到自己是獨特的個體，只會滿足於接受一種沉思性或觀察性思維，在這種思維方式下，一切都受制於集體觀念那平淡的一般原則和呆板的一般概念。真正屬於個人經驗和個人複雜狀況的因素會因此變成「再現的觀念」這種外在的二維背景，人類活動被歸入泛泛而談的概念，這些概念取消了它們的內在價值；並且，這些活動涉及行動者，它們從主觀上所應有的意義因而也遭到剝奪。對這種情況，（祁克果指出）我們可以打個比方：一個人想在丹麥旅行，他查看一張小比例的歐洲地圖，地圖只告訴他丹麥在這個世界的何處，周圍是些什麼地方，對他的目的卻沒有任何幫助。這種社會思潮不僅影響了現在人們對道德的態度，而且還影響了人們對宗教採取

的態度。在日常意識和行動這一層面上，宗教信仰純粹是名義上的、抽象的，與實際選擇的具體背景無關，而正是這種選擇賦予了宗教信仰以生機和意義；在哲學家和神學家手裏，這些信仰則被轉換成理論思辨的語言，人們似乎認為它們符合客觀構建的真理之標準，這些標準超越了主觀的需求，也超越了個人的觀點。

那麼，如何應對這些誤解呢？最自然的辦法就是直截了當地、詳盡充份地糾正某些錯誤的信念和設想。不過就眼前這種情況而言，祁克果認為，要是採用這種方法，就有可能忽略真正要討論的問題。當然，如果這個問題只涉及對純理論的觀點或命題的追問，那麼這種方法是可行的。然而，現在的關鍵所在不是某一套具體的認知觀念，而是更基本的問題。確切地說，這是一種非常普遍的看待事物的方式，其根源在於對生活的一種態度，這種態度認為，僅僅是理性的爭論會使一個人遠離生活。至少，人們首先需要認識到，「對你、我和他，對每個人自己而言，成為一個人意味着」什麼，這就要引導他們通過訴諸自己的內在經驗，認識到是什麼樣的觀念促使他們選擇某一生活方式，以及這種生活方式所施加的限制。要想如此擴大個人對自我的理解，提高其有判斷力的自我意識，用抽象的指導或有益的規訓進行教育是辦不到的：不過可以藉助想像的方式進入他或她的觀點，通

過移情作用引出其感情基礎和實際含義，同時，表明它們和其他觀點或方法所暗含的感情基礎和實際含義有何不同。他稱這種受蘇格拉底（Socrates）啟發的方法為「間接交流」。利用這種方法，並且絲毫不帶「客觀的」交流模式中經常出現的說教，他希望能使讀者更清楚地認識自己的處境和動機。換言之，他的目的不是像學校校長或學究式的教師那樣增加他們的理論知識，也不打算像高高在上的權威那樣，以專制的方式「強迫一個人去接受一種意見、一種觀念、一種信仰」。相反，他想「從背後」接近人們，誘導他們進入一個立場，使他們經由內在的思索，退後一步，作出重大選擇：是留在原處，還是進行根本的改變。無論如何，他們作為個體的這種自由和自主都必須得到尊重；一旦他們看清並深刻理解相互對立的生活觀包含了什麼樣的意義，最終就還是要由他們來決定採取什麼行動，走什麼樣的路。但要做到這一點，一個根本的前提是他們必須清楚自己立場的本質和局限性。正如祁克果所竭力強調的，特別執着於某一觀念的人們尤其容易自欺欺人，用符合此種觀念的方式來闡釋呈現在面前的一切，認為除此之外別無選擇。

祁克果認為，正是出於這樣的設想，他進入了自己創作的起始階段，他所謂的「美學」著述便可歸入這一階段。不過在這裏要作一番提醒。《吾書之觀點》（1859）在他去世後出版，他在此書中回顧了自己

寫作的目的。從他所說來看，自始至終，他似乎一直受到一種具體的宗教興趣的指引；他的主要目標一直是為人們掃除他們是基督徒這一幻覺，至少在當時那個階段，他主要把這種幻覺和人們對被他稱為「審美」的生活模式的接受聯繫在一起。用他自己的話說，「這種幻覺絕不能直接摧毀，只能通過間接的方法才能徹底除掉它」（《吾書之觀點》第24頁）。不過，我們並不清楚，他在上文所說的是否確切地反映了他更早時候的考慮；人們有理由懷疑，他後來認為自己擔負神佑之使命，「像個服務於更高層次的間諜」，這可能並沒有促使他過於簡單化，甚至扭曲他最初所關注的東西。批評家們一直沒有忽略這一點，我們也還要回到這一點。不過首先，我們必須看一看其他一些相關研究的真實內容，過後再討論這一點在他的思想發展過程中的真正地位。

第四章
存在的模式

毋庸置疑，祁克果所有早期的「美學」著作——《非此即彼》、《重覆》、《恐懼與顫慄》和《人生道路的各個階段》——都例證了他極為重視的「間接」方法。這些作品不僅開始展現對立的觀點和生活方式，並且這種展現富於想像或「詩意」，其目的在於從內部說明：從這些角度加以觀照，生活會是什麼樣子。他讓讀者進入這些迥然相異的夢幻世界，有如進入小說或戲劇中人物的內心世界，令他們感同身受。的確，虛構的類比符合祁克果的個性，不僅在於想像這一點，還在於他從來不向讀者直接表白。他發表作品總是用不同的筆名，似乎在利用筆名這樣的面具，利用飄忽不定的偽裝來與他的筆名或他所塑的人物所贊同的觀點保持距離，當然，這種距離有時是不誠實的。這種做法有雙重目的：用一種令讀者感到親切的方式來表述完全不同的人生觀所獨有的特性和實質，同時，讓讀者根據自己所接受到的內容得出結論——這樣，不同的觀點便有機會「為自己辯護」，外界不會在它們之間進行武斷的評判或臆斷。

這些不同的生活觀體現為什麼樣的形式呢？祁克果區別了存在的三種基本模式或「範疇」：審美的、倫理的和宗教的。雖然祁克果在上面提到的作品中用不同的方式提及了這三種模式，不過，審美模式和倫理模式的區別在《非此即彼》中表述得最為清晰，而倫理模式和宗教模式的不同在《恐懼與顫慄》裏說明得最清楚，由此，我們可以重點關注他後期的著作。即便如此，在某些方面，祁克果提出的三種範疇還是令人迷惑，讓人覺得它們涵蓋廣泛；在內容上，儘管他喜歡以虛表實，但這些範疇更具自傳色彩。每一範疇所包含的見解豐富多樣，不但反映了他對當時文化潮流的理解，而且體現了他個人歷史和成長的複雜特點；實際上，有些素材就是直接來自他自己的日記。因此，人們常常可以看出他求學時代——包括與他和父親的矛盾關係相關——的心理困惑和艱難抉擇，還可以看出他取消和雷吉娜·奧爾森的婚約後情感遭受的創傷。祁克果拐彎抹角提到兩人的分手，是想讓雷吉娜去讀，去理解。書裏有些地方因此十分做作，這激起他在當代的一些追隨者的同情，不過，比較挑剔的評論家對此反應則更為冷靜。不管怎樣，這種自傳痕跡還是提供了豐富的信息，讓讀者了解他是怎樣看待這些不同觀點之間的聯繫的。

審美模式和倫理模式

　　無論從什麼標準看，《非此即彼》都是一部非凡的作品，初版時讀者的着迷與困惑並不奇怪。書中的審美觀和倫理觀是通過一組組經過編輯的論文和書信展示出來的。論文的作者被稱為「A」，主要闡述審美觀點，而寫信人被稱為「B」，比論文作者年長，是倫理部分的主角，他的信是寫給A的。虛構的編輯告訴讀者，B的職業是法官。乍一看，A的論文文體五花八門，令人眼花繚亂，談論的話題彼此不大相干，從散亂的格言警句和個人經驗到對悲劇(《安提戈涅》)、歌劇和性慾〔莫扎特(Wolfgang A. Mozart)的歌劇《唐·喬萬尼》〕以及對歌德創作的浮士德傳説的思考和討論，這些似乎刻意要讓讀者感到一頭霧水。論文結尾是一段冗長的日記，這一段陳述編排仔細，精心引誘讀者；最後這一點(祁克果後來自嘲説)可能就是這本書最初獲得成功的原因之一。本書的這一部分話題散亂，缺乏明確的思路，和第二部分形成鮮明的對比，這也許意在映射A的觀點本身有問題。B寫了兩封很長的信，言辭冷靜，字斟句酌，讓人感到他是要映襯那位收信人頗為自得的、浮誇的「才智」。同時，法官對A的觀點進行了各種批評，通過這些批評，他的兩封信闡明了祁克果用「審美的」和「倫理的」這兩個術語來界定相互對立的觀點和生活方式，其用意何在。在某種程度上，這種用意體現於那篇討

論婚姻意義的長篇論文，而婚姻的意義也是第一封信的主題。不過，祁克果所考慮的東西卻是在B的第二封信，即著名的《論審美模式和倫理模式在人格構成中的平衡》中得到了全面而廣泛的闡述。

對於審美模式和倫理模式的不同，有些人從我們更為熟知的、相互對立的理論——比如享樂主義和傳統的道德觀，或者康德關於感官的追求和理性的律令的區分——來讀解。當然，二者在法官的許多話中都有涉及。不過，《平衡》[1] 仍是一篇內涵豐富、內容複雜的作品，它包含了眾多的思想，這些思想有時互相混淆，糾纏在一起。因此，這種簡單的二分法至多為讀者提供了一種並不到位的引導。雖然法官在那封信的開頭聲稱，審美的生活方式，其主要着眼點和目標存在於享樂中，然而，讀者很快會發現，這一說法絕非全面，也絕非詳盡。祁克果思維活躍，在某些方面甚至異於常人，他理解的「唯美主義」形式豐富多彩，在詭辯和自我意識的不同層面中有不同的表現；它超越了對純粹快樂的追求，向不同的方向延伸。毫無疑問，他對唯美主義的見解與其說令人想起和18世紀許多哲學著述有關的、十分世俗的享樂主義，還不如說更為接近19世紀的浪漫主義人生觀。他對「倫理模式」的理解也與此相似。這裏無疑談到了明確的責任和義務是重要的。不過，如果認為祁克果的全部思

1　指《論審美模式和倫理模式在人格構成中的平衡》，下同。——編注

想可以簡化為僅僅是奉行社會所認可的準則，或者簡化為康德式的、對純粹實踐理性的尊敬，那便是曲解了他。真相不僅比這些狹隘的讀解所得出的結論更為複雜，更為隱晦，而且和他的觀點所包含的更為深遠的寓意有着重要關係。

讓我們從審美個體開始，更仔細地思考這一問題。儘管祁克果明確表示，在《非此即彼》中「沒有說教」（《附言》第228頁），但是，他是否並非僅僅在展示兩種對立的觀點，讓讀者自己決定最終偏向哪一種，這一點仍有爭論。其一，書中的倫理學家發言在後，其觀點一錘定音。其二，我們感到，B基本上很清楚A的觀點；他抓住了這種觀點背後的動機，因而能夠用解構的方式評判它。如此，隨着法官的進一步闡述，我們清楚知道此人的狀況在某些重要方面被他視為病態，其中的兩方面尤其突出，並相互關聯。

首先，以審美模式生活的人無法真正控制自己或自己的處境。他的生活狀態是典型的漫無目的(ins Blaue hinein)。他只「為眼前」而活，總是通過享受、興奮、興趣去打發每個瞬間。他不會獻身於任何永恆或清晰的東西，而是消失在感官的「即時」中，此時他可能做一件事或想一件事，彼時他又反其道而行之。因此，他的生活沒有「延續」，缺乏穩定性或核心，隨興而變，視情況而變，就「像巫師的文字，看這一面是一種意思，翻到另一面，又是另一種意

思」。即便如此，我們也不能因此斷言，這樣的人僅僅受制於衝動，一向如此，肯定如此；相反，他有可能喜愛沉思，像那個日記包含在A的論文中的勾引者一樣會算計。不過，如果他真有長遠的目標，或決定按某些格言行事，這也完全是一種「實驗的」精神：只要這個想法還有吸引力，他就會繼續下去，一旦疲倦了或厭煩了，或出現其他更誘人的可能性，他便會棄之而去，這種可能性永遠存在；實際上，在實踐中，這種「異常活躍的實驗」可以被視為類似於理論上的詭辯。因為，不管如何變化，我們仍然可以把生活看做充滿可能性的——這些可能性可以考慮或嘗試，而不是把生活看做要實現的方案，或要推進的目標。

法官相信，對於審美觀點來說，這些態度特別典型，揭示了該觀點根本上的不足之處。他指出，唯美主義者「從外部期待一切」；這樣的人對世界的理解基本上是被動的，因為他是否感到滿意最終要看不受其意志控制的條件是否出現或得到滿足。這種屈從於偶然性、「意外事件」，這種逆來順受，可能表現為各種形式。有時，它依賴於「外部的」因素，如財物或權力，甚至另一個人的青睞；不過，它也可能涉及對於個人來說是內在的東西，如健康或體貌。問題在於，在所有這一類的例子中，人完全受制於環境，受制於「可能是這樣，可能不是這樣」。他的生活方式

與那些很難確定或必然會消失的東西緊密相連，他的意志從來無法保證自己能獲得或保留這些東西，甚至哪怕得到了，也無法保證自己能一直享用。一旦這些東西令他失望——這最終極有可能發生——那麼，對他來說，存在的意義就消失了。至少他會暫時覺得，自己被剝奪了賴以活下去的、有價值的東西。祁克果在另一個地方説，持這種觀點的人認為，自我是「一個可以隨意贈予他人的東西，就像一個孩子的『我』，它意味着：好運、倒霉、命運」（《致死的疾病》第51頁）。因此，審美的個體具有這樣的特點：他不會努力使生活具有連貫性，對當下的自己和自己應該成為怎樣的人沒有始終如一的觀念，他的生活也沒有植根於此；相反，他讓「隨意發生的事情」掌控自己，主導自己的行為。他的內心思索可以説明這一點，並且當這種思索出現時，可能在這個人身上引起揮之不去的絕望。他的全部生活——只是一般而言，並非具體指哪一方面——可以説是建立在一種不確定的偏見上面，因此沒有意義。不過，這導向審美觀另一個非常重要的方面。關於這一方面，法官有許多話要説。

現在可以指出，這種自我意識可能被壓抑或忽視，或者，它的真正意義至少在不知不覺中被迴避了。實際上，如果這個審美個體認識到一種「更高級」的存在形式是絕對必要的，他就必然會對生活及

其根基感到絕望。然而，他所不願邁出的正是這通向倫理存在的關鍵一步。他深陷於自己的生活模式和思維，不願努力去解放自己，而是想方設法逃避真相對他的影響。有時，這表現為一個人通過各種活動去克服或消除內心的不滿足感，如浮士德（Faust）便採用一種「有魔力」的形式。然而，一個「受人尊敬的」實業家也會有類似的表現，以非常頑固的態度從事自己的事業。不過，可以想見，還有一種更為隱蔽的形式。因為存在着祁克果曾經所稱的「知識和意志的辯證互動」，這使得我們很難看清一個人到底是在有意識地努力擺脫他所認識到的（不管其認識多麼模糊）困境，還是他認為自己的困境似乎排除了全部關於基本選擇和變化的觀念，即他對此完全無能為力。這第二種可能性也許會成為現實。

由此，一個人經過對審美觀念進行異常地修正，會將悲傷而不是快樂視為「生活的意義」。他想，至少這是自己無法被剝奪的東西，由此，他感到一種不合常態的滿足。他可能認為自己注定要悲傷，命定要悲傷。他的存在、他的感覺、他的觀點，這些都無情地遵循事物的本質。由此，他把自己的不快樂歸咎於個性和所處環境中那些無法改變的東西：他「多愁善感」，或其他人不善待他。或者，他可能誇大自己在這個世界上的處境和命運，例如聲稱自己是「不幸的人」，是個「悲劇性英雄」。此外，他還可能更籠統

地將自己說成一個浪漫的厭世者(Weltschmerz)，帶着大徹大悟的悲觀者的口吻，認為實際的決定這類問題不可能具有什麼終極的意義，以此自慰；不管他做什麼，都會以懊悔而告終。在所有這些思想中，他有可能找到虛假的寧靜，甚至可以找到平靜的驕傲。因為這些思想的最終要點是「不折不扣的宿命論，它總帶有某些魅力」（《非此即彼》ii，第241頁）；個人接受宿命的或決定論的觀點，對自己的處境巧妙地推卸責任，為自己在這種處境下的消極無為進行開脫。不過，這也僅僅是一種托辭，一種掩飾，在其背後是他沒有說出口的決心，即決心置身某一階段，只要願意他又可以自由離開。

總而言之，祁克果對唯美主義的分析帶着微妙的心理色彩，他尤其關注那些難以一言而蔽之的細節，這裏只能提出這些細節中最重要的主題。我已經表明，他對基本範疇的運用非常靈活，這使得他可以指出毫不相關的現象之間出人意料的聯繫，非常具有啟發意義。但即便如此，有時他對範疇的延伸也有可能模糊它們的明確意義。如果《平衡》的某個讀者有時想知道，只要利用一點點機智，我們是不是可以把一切都解釋為「審美地生活」，如果他想不通這一點，那是可以理解的。這還不是祁克果的模糊範疇引發的唯一問題，因為我們並非總是很清楚，在談到審美意識的時候，祁克果是在泛泛而論，還是聯繫到自己那

個時代和文化的具體表現。不過，毫無疑問，他認為自己談到了很多同時代的思潮和行為。例如，他曾明白地説明「審美的沉思」無法「深刻地、真誠地行使意志力」，「所有年輕的德國人和法國人都在悲嘆」這種病態（《非此即彼》ii，第193頁）。法官對某些典型的審美觀的陳述，和祁克果後來在《當今時代》和其他地方對他那個時代流行的社會思潮中所包含的其他傾向所作的批評，這二者之間也可看出類似之處。這些傾向包括：沉迷於「外表的」、外在的東西；對個人身份和責任沒有清晰的認識；心安理得地接受宿命論神話，不願接受認真而實際的承諾；以世故的超然這一面具掩蓋無所不在的冷漠這一風氣。我們會發現，這些責難和他後來考察黑格爾的形而上學對同時代的吸引力和影響不無關係。

不過，要是無條件地把祁克果在寫作《非此即彼》時對黑格爾的看法等同於他後來在反對黑格爾「體系」的論辯中所表達的看法，那是錯誤的。誠然，正如《非此即彼》這一書名所表明的，本書的部分目的在於反對黑格爾的以下觀點：意識的獨特形式以辯證的必然順序相互跟隨；相互矛盾的觀點在普遍的心靈或精神依次展開的更高層次上實現和解。在祁克果看來，從一種存在模式過渡到另一種存在模式遵照的是完全不同的形式。這只能依靠個人在不同的選擇中作出不受限制的、無法回頭的決定才能達到；並

圖9 命運之輪。作為倫理存在的個體並不受制於偶然因素與命運等外部環境之力。

且，必須把這些選擇視為互不相容的，而不能根據某種高高在上的理論把它們看做最終是可以協調或「調解」的。不過，儘管考慮到這些因素，《平衡》中顯露出來的倫理領域的面貌並沒有完全擺脫黑格爾哲學的影子。首先，從審美模式通向倫理模式的途徑被看做一個漸進的精神運動。出現危機的審美意識至少「呼喚着」接納一種新的生活方式，哪怕這不是當事的個人想着手解決的問題。法官所用的術語帶着明顯

的黑格爾的痕跡，他説，「人的生命迎來這一時刻，可以説，他的即時性臻於成熟，精神要求更高的形式，在這種形式中，它將讓人領悟到它是精神」（《非此即彼》ii，第193頁）。我們進而得知，倫理模式與其説是「廢除審美模式」，不如説是「改造」它——這句話和祁克果關於調解的泛泛之論相符合，當然這種吻合有些不太自然。不過，法官在倫理層面上討論了個體和普遍性的關係，正是在這裏我們最清楚黑格爾所起到的背景作用。

在關鍵的方面，關於倫理觀點的陳述似乎毫不妥協地集中在個體上。個性是「絕對的」，它「既是目的，也是意圖」；在描述倫理模式之特點的出現和發展時，法官把「選擇自我」視為基本概念，這進而與自我認知、自我認同、自我實現緊密相關。倫理模式的主體把自我看做一個「目標」，一種「設定的任務」。他和唯美主義者不同，唯美主義者一直全神貫注於外在的東西，而他的注意力則指向自己的本質，即他作為一個人這一堅實的實在擁有某種才能、愛好和激情，他總是有力量去安排、掌控和培養它們。因此，可以説，他有意識地、刻意地承擔對自己的責任。和唯美主義者不同，他並不把個人的特徵和性格當做不可改變的、必須溫順服從的事實；相反，他視之為一種挑戰——他的自我認知不「僅僅是一種意圖」，而是「對自己的反思，這種反思本身就是一種

Enten — Eller.

Et Livs-Fragment

udgivet

af

Victor Eremita.

Første Deel

indeholdende A.'s Papirer.

Er du Fornuften alene bolb,
ere Ubenstedvens Behaglager?
Young.

Kjøbenhavn 1843.

Faaes hos Universitetsboghandler C. A. Reitzel.
Trykt i Bianco Lunos Bogtrykkeri.

圖10　祁克果《非此即彼》原著首頁。

行動」（《非此即彼》ii，第263頁）。而且，通過這種
內在的理解和批判性的自我挖掘，一個人不但會認識
到他在經驗上是什麼，而且認識到他真正想成為什
麼。因此，法官提到「理想的自我」，這是「他不得
不為自己構想的自畫像」。換言之，倫理模式中的自
我，其生活和行為必須是融合的，對自我的明確理解
指引它們，這種理解基於他清楚地了解自己的潛力。
無論世事如何變遷，命運如何多舛，這種理解都不為

之所動。他和我們看到的唯美主義者不一樣，唯美主義者對發生在自己身上的一切無能為力，而他不會屈從於外在環境和無法預知的偶然性的專橫制約。

從他採取的立場看，人生的成敗也不能用他是否已經達到在這個世界上的目標來衡量。具有最終意義的是他完全認同這些目標；與此相關的是做事的精神、追求目標的熱情和真誠，而不是其行動產生的、看得見摸得着的結果。

在所有這一切當中有一個熟悉的音調，它在某些方面表現為關於自我決定之經典學說的延伸，這種經典學說可以追溯到斯多葛學派，甚至更遠。不過，它和康德所提出的更為近代的思想也有着重要的共同點。我們已經指出，康德強調道德意識的自由和獨立，即個人服從於其本性的要求，這一本性是一個獨立自主的、自我導引的人所擁有的本性。而且，康德哲學的一個中心要點是只從行動者的意志程度來衡量道德價值；這裏強調的是他行動的意圖，是他想做什麼，而不是看他是否實現了自己所設定或想像的目標。祁克果自己對道德觀點的陳述雖說不上誇大，但也反映了這兩個特點。不過，他的陳述——至少在目前來看——可能令讀者感到並不充份，哪怕僅僅是因為這一陳述在解釋倫理生活時沒有顧及其具體內容。原因在於，如果說一個以這種方式生活的人肯定會承認具體的規範和價值觀，這些規範和價值觀在他看來

既適用於他人也適用於自己，理當獲得普遍的認同和接受，那麼這值得商榷。的確，B自己迫不及待地強調這一點。因此，法官當然不厭其煩地否認每個人都有權依照自己的個人品味和性情來詮釋這一倫理觀所包含的「更高形式」：這樣的看法帶有「經驗主義」的意味，它可被歸於某種浪漫主義，屬於審美範疇，不屬於倫理範疇。倫理的基本範疇是「善惡」和「義務」；人們提及時，似乎它們擁有一個所有使用它們的人都同意的意義。想到這一點，我們有理由肯定，倫理模式的個體「以自己的生活表達普遍的真理」。不過，果真如此的話，它在多大程度上可以和上面闡釋的、不可妥協的自我中心理論達到調和呢？這似乎表明，這樣一個人的價值觀最終只能來源於他自己：如果他反而承認存在着社會認可的有約束力的義務，難道不是在放棄自己的基本獨立，因而又一次屈從於表面的、外在的東西嗎？

對於這個顯而易見的難題，康德自己的實踐理性學說可能已被援引來提供解答。根據這一學說，道德主體努力與自願接受的原則達成妥協，這些原則通過了康德的「絕對命令」——人的行動準則可以「通過意志力成為普遍規則」——中所體現的連貫性的檢驗。對於「理性的本性」而言，尊重這種連貫性是內在的；對道德行為者來說，這一「理性的本性」是所有人通常都具有的。因此，可以認為，如果倫理模式

的個體要表達B所説的「其內在的本性」，那麼用符合所提到的要求的規則來約束他的行為就夠了，這可以保證上述規則得到普遍的接受。不過，法官是否希望認可如此嚴格而正式的陳述，我們還很不清楚。並且，《平衡》中實際表達的內容所指向的是黑格爾而不是康德研究這一問題的方法。此外，黑格爾還批評康德的道德標準過於抽象，無法提供明確的指導；批評它只要在決定其普遍的運用時沒有產生矛盾，這一標準似乎對任何原則都説得通，連最不道德的原則也不例外。相反，我們應該認識到，道德義務「植根於公民生活這一沃土中」。換言之，只有真實社會中的實踐和制度才是道德要求的內容與權威的來源。這些實踐和制度構成一個清晰的框架，倫理模式的主體能夠理解其基本原理，並且就這一框架來説，他作為一個自由的、果斷的存在可以完全發揮其潛能。在這裏，個人的渴望和集體存在的要求之間沒有衝突。個人是社會不可或缺的一個部分，他對社會強加給他的義務和責任的體驗不是表現為外在的約束，而是表現為賦予價值觀和利益以客觀形式，他在內心裏認為這些價值觀和利益就是屬於他自己的。這樣，個人良心的要求(康德正確地強調了這一點)和以社會為基礎的道德生活觀的內在要求二者最終得以調和。

必須承認，黑格爾的理論建立在某些值得懷疑的設想上，這些設想關乎他所觀察的不同社會的理性結

構，與他的歷史哲學也相關，它們引出的話題在此還無法討論。不過，法官有許多話暗示，他所理解的倫理模式符合之前所概述的黑格爾關於道德（Sittlichkeit）的觀點。例如，他說，我們不能認為，倫理模式的個體必須發展的自我像某些「神秘的」學說所認為的那樣「孤獨地」存在，這一個體和他的公共環境以及生活環境是「互惠的關係」。作為「一個社會的、具有公民特徵的自我」，他所要實現的自我不是抽象的，抽象的自我「適用於一切，因而什麼也不適用」。按法官的話說，從這一點來看，諸如締結婚姻、有一份工作或有用的職業、承擔民事性或制度性責任，這些都是基本的。然而，不能因此就說，由此帶來的義務會從外界約束這個人，「外在於個性」，限制他的自由。對唯美主義者這個「附屬的人」而言，「偶然性起着巨大的作用」，倫理模式的個體與之不同，他把自己要服從的要求看做一個可起作用的社會因素，他的性格充滿了這些義務所賦予的精神。在此意義上，普遍性不是「外在於個人」，相反，二者是合為一體的。對於那些在個人看來只屬於自身的義務，他會自發地履行，並賦予其具體的表述。這真正是「良心的秘密」——個人生活「按其可能性同時是普遍的，哪怕不是直接的」（《非此即彼》ii，第260頁）。因此，本來乍看之下，二者的隔閡有可能破壞倫理觀的統一性和一致性，現在這一隔閡已經明顯消除。

那麼，《平衡》裏所解釋的觀點到底有多麼全面呢？我們拿它與審美的存在模式作比較，它是不是提供了唯一的另外一種選擇呢？更重要的是，它在多大程度上可以解決一個人在生命歷程中遭遇的所有問題？對於這後一個問題，法官本人有時也似乎心存疑慮。在這裏和在之後發表的《人生道路的各個階段》中，他一再出現，引人注目。表面上看，他自信滿滿，不過，這自信的背後卻隱藏着緊張和壓力。正如我們所看到的，在一些地方，對遵從道德觀的人來說，他主要關心其生活的主體特性，即生活經驗的質地。不管他在別的地方多麼努力調和倫理模式的普遍內容，事實依然是，他在這些地方強調的不是普遍的或共同的標準是否實用，而是行為者用什麼方式理解自己的行為、自己信仰的深度，以及他對自己有多真誠。我們很難將這一點和一種觀念隱含的意義脫離開來，這種觀念即，最終而言，每個人必須找到自己的路，穿越一系列內在的理解；這一理解公平對待各人的獨特個性，並且，不管顯得多麼矛盾，最終使其得以超越倫理模式的界限。在《非此即彼》和《人生道路的各個階段》中，法官開始長篇大論，到最後卻令人不安地懷疑起倫理觀的自足性及其基本範疇：在這兩部著作，尤其是在《人生道路的各個階段》中，他承認，某些「與眾不同的」個人在努力實現倫理的基本原理時遇到了極大的困難。不過，他在這裏只是謹

慎地討論了提出的問題，小心地留出餘地，顯然不太有意向正面解決。另一方面，《恐懼與顫慄》則清楚而雄辯地表述了它們引起的懷疑，其背景清晰地將倫理的觀點與宗教的觀點對照起來。他在《平衡》裏懷着猶豫、多少躲閃着接近的邊緣地帶在這裏得以被跨越。

倫理模式的懸置

　　《恐懼與顫慄》這部作品署的是化名，即沉默的約翰內斯(Johannes de silentio)。這位作者拒絕掛上哲學家的頭銜，至少不做黑格爾意義上的哲學家。很明顯，他也不打算做個虔誠的基督徒，為宗教信仰説話。即便如此，在他所針對的對象看來，他的話目的明確，那就是要具有哲學和宗教上的意義。雖然自身立基於倫理模式之中，但他敏鋭地意識到自己所屬的範疇有顯而易見的局限性。更確切地說，他關心的是倫理模式無法理解信仰這一現象。他堅持認為，我們當然可以這樣理解信仰，這從根本上偏離了由康德和黑格爾開創的方法。這兩位採取的方式雖然大相徑庭，但他們都努力將宗教信仰這一觀念吸收到思想的其他範疇中，或使之從屬於這些範疇——康德把宗教信仰的觀念看做實踐的理性或道德的理性的假設，黑格爾認為宗教信仰在意識的形象或想像這一層次上具有預示性，該層次在他那包羅萬象的哲學框架中實現

了以理性方式來表述自己。相反，在《恐懼與顫慄》中，信仰的地位是完全獨立的：它處於倫理思維的領域之外，我們無法用普遍的或理性的話語來加以闡述。然而，這並不是說我們應該把它看做本質上是原始的、不值得尊敬的東西，它不是「我們希望盡快戰勝的、童年的疾病」。相反，本書在結尾時提出：它構成「一個人最高層次的激情」。而且，全書還自始至終地表明，一個人只有在道德上敏感和成熟，才能意識到它神秘和嚴格的要求達到了怎樣的程度。

祁克果的目標是以生動而有力的方式認清這些要求所具有的令人不安的特徵。他着重研究一個具體的例子並顯示其主要特徵，希望以此突出一個概念的意義。對於這一概念，他的同輩人並沒有實實在在加以關注；它真正的含義不是被牧師令人寬慰的話所壓制，就是神秘地消失在哲學家的理性分析之中。他這樣做，並不是打算隱藏其真正的寓意。他竭力強調，如果從一種排他性的倫理角度去看，在他所討論的具體事例中，這些寓意令人震驚，甚至令人反感。

不可否認，他所選擇的例子有明確的目的指向。這例子來自《聖經》中亞伯拉罕(Abraham)——「信仰之父」——的故事。上帝要求他殺死自己的兒子以撒(Isaac)來獻祭。亞伯拉罕依令行事，舉起那把致命的利刃，不過在最後一刻，他的手停住了，犧牲變成了一隻山羊。這一整件事意在表現神定的考驗或對精

圖11　亞伯拉罕與以撒，以及信仰的顯現。

神的考驗，而他成功地通過了。

對這樣一個故事，我們該作何反應？在祁克果眼裏，很明顯，這個故事的價值在於它毫不掩飾地表現了亞伯拉罕所面臨的選擇的性質。他只能通過行動服從上帝的命令，這一行動不僅違背他作為一個可親的父親的自然傾向，而且要破壞深深植根於他心裏的道德準則，即不能殺害無辜的人。此外，這一行為極端違背道德，因為要殺的人是親生兒子。因此，他肯定認為自己被迫做的事無論在人情上還是在道德上都是令人憎惡的，我們對這件事也會有同樣的反應。不過，正如沉默的約翰內斯指出的，他莊嚴地去完成落在自己頭上這令人反感的任務，不斷受到牧師或其他人的讚美。這裏出現一個問題：那些津津樂道於類似頌歌的人們究竟在多大程度上真正理解自己所說的話？我們只要設想一下，如果一個教徒真的打算仿效亞伯拉罕，他的牧師會對他說些什麼：

> 如果這位牧師知道了這一情況，他也許會走到這
> 人跟前，端足一副基督教牧師的架子，吼道：
> 「你這個可恥的人，社會的渣滓，你到底是中了
> 什麼邪，竟想謀殺自己的兒子？」

（《恐懼與顫慄》第28頁）

牧師甚至可能為自己合情合理的雄辯而洋洋得意，可

理由是什麼？難道他在布道中不是讚美了亞伯拉罕，而亞伯拉罕不正是做了他正在譴責的事嗎？按倫理學觀點，答案只能是：沒錯。簡而言之，「從倫理觀看，亞伯拉罕的行為就是有意謀殺以撒」。任何人如果想正確理解亞伯拉罕的處境以及他的行為所涉及的東西，就必須面對這一點，不可敷衍。採用筆名充當作者的祁克果並沒有自詡能夠深入亞伯拉罕的生活和思想，因而能理解他。不過他相信，自己揭示了一些情況，這些情況使我們有可能在這樣的背景下討論信仰。他也相信，自己因此可以昭示(哪怕是間接地)倫理觀和宗教觀二者之間真正的關係——在他那個時代的學術氛圍裏，這種關係一直遭到曲解。要研究這一問題，一個方法是將亞伯拉罕的困境與道德或「悲劇」英雄的處境進行比較。「悲劇」英雄同樣發現自己被迫去做某件令人厭惡的事，不管是因為這件事有悖於他的天性，或因為它侵犯了根深蒂固的道德準則，還是二者兼而有之。不過，對於這樣的英雄而言，在他看來有必要去做的事情是有着明確的倫理基礎的：祁克果以阿伽門農(Agamemnon)為例。阿伽門農決定將自己的女兒伊菲革涅亞(Iphigenia)獻祭給自己的國家。他認為自己儘管幹了如此可怕的事情，卻依然能夠「從容立足於」倫理世界中。不管他感到多麼痛苦，不管他認為自己個人遭受了多大的損失、有多麼懊悔，他依然相信，自己是在遵從一種得到公認的

原則或內心認可的一個共同目標，而這些比所有其他的思慮都重要。因此，在面對嚴酷情況的時候，他有理由期待着得到周圍人的同情和尊敬——「悲劇性英雄放棄一種確定性，為的是獲得更大的確定性。在旁觀者眼裏，他是可信的」（《恐懼與顫慄》第60頁）。他至少可以「為天下的安全而感到高興」，他知道自己的行為能得到所有人——甚至包括犧牲者本人——的認可和理解，因而是合理的。

對於亞伯拉罕這位「信仰的騎士」而言，情況截然不同。我們從故事裏知道，這位悲劇英雄仍然把倫理作為自己的「終點」或目標，哪怕這意味着為了實現它，將要犧牲某些責任。然而，亞伯拉罕完全逾越了倫理界限。在倫理界限之外，他有更高的目標，「為此，他將倫理懸置起來」。他「放棄普遍準則」，為此感到一定程度的痛苦，這種痛苦超過悲劇性英雄在道德上感到的痛苦。亞伯拉罕孤立無援，不可能向他人辯解自己的行為。在理性思維和理性行動的層面上，他的行為肯定是極不尋常的，甚至是荒唐的。作為一個具體的人，他把自己放在「一種與絕對的絕對聯繫」中。如果他的行為說得過去，那也只能說是出於神的旨意，這旨意只針對他一個人，他得到了滿足，但這種滿足無法用人類的標準去解釋清楚。從人之常情看，他不是瘋了，就是十分虛偽。而且，他如果用人可以理解的標準去為自己辯護，就相當於

逃避上帝賦予他這一任務的情境，而該任務意味着對上帝的絕對義務，它超越倫理說教的領域；為了完成這一任務，他必須面對和克服所有與之相悖的誘惑。亞伯拉罕只有抵禦這些誘惑——道德的、天性的——才能經受住信仰的考驗。換言之，他準備一如既往地承受自己那自相矛盾的信念帶來的可怕後果。在這一點上，他當之無愧地堪稱「偉大」——人們經常不假思索地這樣讚美他。

祁克果描述那些在痛苦中追尋着不為人知的使命的人所面臨的困境，在這一過程中，他們「走在路上，未見到一個旅行者」。祁克果的筆觸中流露出無可掩飾的辛酸。他所寫的東西深深烙上了個人經歷，暗示自己在無法與奧爾森成婚時同樣心神錯亂，深感孤獨。一般的哲學範疇所無法把握的現實困境，以及一個人意識到與已然確立的規範妥協威脅到自己作為個體的完整性，這兩種情形同樣令人不知所措。不過，無論這些觀點在心理學上多麼令人印象深刻，它們絲毫無助於說明祁克果的核心觀點。因為他的核心觀點關係到宗教對倫理進行「神學」懸置的可能性，正是這一點招來了許多批評——也許這些批評並非不盡人情。除此之外，在某些情況下所有的倫理要求可被置之一旁的觀點還被批評為相當於提倡「道德虛無主義」。他提出的這種修辭技巧無法為之找到藉口，更說不上為之辯護。借用某些信念來為有悖道德的行

為正名，這些信念又顯然默認「荒唐的」行為——這種做法沒有什麼說服力。如果說它有用，唯一的用處就是毀掉我們對自己價值觀的信心，因為它甚至拒絕我們最為確定的觀念。當然，有人會回答說，亞伯拉罕被稱為「信念的騎士」，不是空口無憑(in vacuo)，也並非缺乏正當的理由：他是在貫徹在他看來屬於上帝的意願。不過，這種自信的根據在哪裏呢？康德在討論祁克果後來引為典範的這一事例時，曾一本正經地指出，「在這個例子中，一個錯誤至少有可能佔了上風」。當一個被認為是神旨的命令與我們十分肯定的道德判斷相衝突的時候，我們絕不會去責怪上帝。正如在《單純理性限度內的宗教》裏所提出的，康德認為在剛才談到的情形下，一個「覺悟的」人自然會作出這種正確的選擇。

從祁克果的話裏我們看出，他似乎並不打算反對這一點。只要這樣的人只依賴倫理觀，那麼在他眼裏，對於人的理性來說不言而喻的道德判斷肯定而且必須起着決定性作用。從這一立場看，人類的整個存在被視為「完全是獨立自足的領域」，那完全是一個倫理的世界，上帝被降低到「隱形的、正在消失的一點」。當然，人們可能還會使用宗教語言來談論熱愛和服從神靈的義務。不過，他們在使用這些表述時，其真正含義僅是一種自明的真理而已。祁克果曾說：

如果在這一聯繫中，我……說愛上帝是我的義務，那不過是在進行不必要的重覆。因為在完全抽象的意義上，「上帝」就被理解為神——也就是世界，也就是義務。

（《恐懼與顫慄》第68頁）

在這一段話接下來的討論中，祁克果重提了一個觀點；可以說，他書中的許多內容就是以此為基礎。使至高的權威與倫理變得一致是一回事，認為宗教可以簡化為這一點，其基本內容完全可以用有限的理性能接受的方式表述出來，則完全是另外一回事。從宗教的角度看，倫理始終只能擁有一個「相對的」地位。他對亞伯拉罕故事的分析顯然就是要大大否認一點，即從以上這一觀點來看，倫理可以具有終極性或至高無上性。不過，堅持認為它只有相對價值並不是說它根本沒有價值——從他對故事的分析中不能得出這樣的結論：道德要求無根無據，或者，我們在一般意義上可以不需要它。他要說的是，在宗教的視域裏，道德要求被改變了，「表述它的方式完全不同」。由此，他的部分意圖是想表明，順從道德要求的義務最終依據的是對上帝的義務，後者被認為是一種無限或絕對的「他者」，超越人類的理性和理解：「單個的個體……與絕對的關係決定了他與普遍性的關係，而

不是與普遍性的關係決定了他與絕對的關係。」（《恐懼與顫慄》第70頁）

在某種意義上，我們有可能認為，《恐懼與顫慄》就是討論當代神學家——其中黑格爾一派的神學觀點尤其如此——故意扭曲或竭力要駁倒的宗教意識。無論懷有什麼樣的反對意見，他們認為仿效亞伯拉罕行事這一觀點肯定是要遭到批判的。不過，亞伯拉罕所理解的信仰，他在自己生活中例證的信仰，都是宗教意識所預設的。任何人如果想通過消除或削弱這一信仰所包含的東西，來表述宗教的「內在真實」，那肯定會遭到曲解。不過，討論當代思想無法與這些宗教觀達成妥協絕不是祁克果的唯一目的。在這裏，正如在其他「美學」著述裏，他並不打算僅僅進行學術批評。他不遺餘力地強調信仰觀和倫理至上觀之間的衝突，並試圖勾勒出後者的局限性——一旦我們正確表述個人經歷的重要方面，這些方面拒絕倫理的支配、倫理對其又無可奈何，那麼這種局限性便顯露出來。我們已經注意到，法官在《非此即彼》和《人生道路的各個階段》中對倫理觀進行闡述時，在某些地方對此已經有所暗示。他提出，一個人可能相信自己服從一種獨一無二的召喚，而這一召喚與社會所決定的義務或普遍接受的行為準則格格不入。不過，這種意識的地位當然是有疑問的；如果我們要追隨這一意識，法官並不打算輕描淡寫因此帶來的後果：

他必須明白，沒有一個人能理解他，他必須時時忍受所有人的惡言相向，沒有人同情他，人人都會認為他是有罪的。

（《人生道路的各個階段》第175頁）

《恐懼與顫慄》的主題是宗教信仰，在此層面上，這些暗示的意義終於顯露無遺。道德規範的重要性倒沒有遭到類似的否定，不過，倫理模式的絕對統治不再是理所當然。相反，道德的自足性原來被認為是已被確認的社會規範、普遍認可的習俗，現在它顯然受到了挑戰。一個人可能意識到自己肩負「獨特的」使命，可能面對極大的阻礙，但必須不惜一切代價完成它——對於這一觀點我們不可能簡單地置之不理或不屑一顧，也不能貶低它，認為它「不過是十分平常的情感、情緒、怪癖、氣鬱（vapeurs），等等」（《恐懼與顫慄》第69頁）。亞伯拉罕對自己的任務的看法駁倒了所有這一切：為了完成任務，他不僅準備違背一般的道德觀念，而且與一般的理性思維相悖，他相信自己會通過某種方式「迎回」他受命獻祭的兒子。如果我們批評他的所作所為不理智，批評他冒了極大的風險，而且可能在犯錯誤，那在一定程度上是有充份理由的。不過，這種批評只是突出了他的觀點與眾不同。在此意義上，這裏所談到的信仰已經處於人類理性的標準之外，用這一標準無法說清它所涉及的變化

的合理性。相反，它要求的是一次極端的冒險，或一次「飛躍」，這種精神活動要求人們獻身於某種客觀上不確定的、歸根到底是自相矛盾的東西。

為了理解這些表明宗教信仰之真正意義的觀點的潛在要義，我們有必要去看一看被祁克果稱為他的「哲學著作」的作品，這將在下一章進行討論。不過，在結束關注他的「美學」著述之前，我們來簡單談一談上一章結尾提到的一個問題。我們應該記住，這個問題關乎祁克果後來的觀點——他通過虛構的方式表述各種存在模式，主要目的是想引導讀者擺脫他們是基督徒這一幻象。正如他在《吾書之觀點》中指出的，他們生活在「審美範疇，或至多在審美—倫理範疇之中」，他們深深沉迷於這一騙人或自欺的處境當中，無法理解這種欺騙性有多麼厲害：通過其典型的思維方式，通過起初假裝「支持」它，我們有可能促使他們意識到這種普遍存在的誤解有多嚴重，找到其根源。不過，祁克果在回顧自己的創作生涯時，不管這一總目標對他來說多麼誘人，一旦考慮到這些作品的全部內容及其視野，這一目標就多少令人感到不太自然。這不僅是因為它們經常讓人強烈地感到，祁克果的作品在相當程度上是出於為自己立傳的動機，包括他不由自主地沉迷於其流產的愛情過程中。還在於，至少從審美觀來看，這些據說是生成的「幻象」與其說與任何具體的錯誤意識——它產生於當代「基

督教世界」——有關，不如說與關於人類狀況的宿命論或集體主義的神話有關。如果說它應該與前者有關，那麼這種聯繫至少是間接的。不過，祁克果的意思也許只是，一個以審美為原則的人有可能認為基督教——和其他事情一樣——沒有賦予自己重大的使命；它只是「吸引人」，引起超然的思考，而不需要具有決定性的行動和參與。無論如何，我們可能會感到，祁克果的追溯性觀點顯然更適用於他在《恐懼與顫慄》中不得不說的話，這些話關乎屬於倫理模式而非審美模式的思維範疇對宗教觀的入侵。在這裏，我們比較容易理解他心裏大概在想些什麼。

第五章
真實性與主觀性

　　祁克果描述生活和經驗的不同模式，這為後來的兩部主要作品打下了基礎，正是這兩部作品確立了他作為宗教思想家的聲譽：一本是簡潔而相對濃縮的《哲學片斷》；另一本是大部頭、重覆性內容很多的《最後的非科學附言》，書中充滿了論戰。這兩本書和前面的著作一樣，以筆名發表，所使用筆名為克萊馬克斯(Johannes Climacus)(攀登者約翰)。不過與之前不同的是，祁克果的名字也改頭換面地出現在這裏，署為兩部作品的「編輯」。無論這一改變有什麼確切的意義，至少我們有理由認為，在這種情況下，他希望讀者明白這些觀點是他自己的：他意在盡可能明確而有力地表明，「思辨哲學和基督教之間的誤解」的真正意義是什麼，而他相信，在自己那個時代的知識視野裏，這種誤解普遍存在。他的審美著作表明——儘管是間接地、暗示地——不同的心理因素和社會因素如何加深了這種誤解。不過，核心任務仍然是描述其基本特性，引出其基本前提條件。這就是他現在賦予自己的任務，為此，他選擇黑格爾以及受到黑格爾

影響的人們作為主要攻擊目標。儘管非常關注同時代思潮，他依然認為自己的分析不僅與那個時代有關，而且還具有更廣闊的含義。實質上，他所討論的問題關係到宗教信仰的本質及其與人類思維及理性之源泉的關係。至於這些問題以何種方式出現在實際選擇這一層面上，《恐懼與顫慄》中已經提到。在《片斷》和《附言》中，它們會再次出現，但背景變了，具有重要性的不僅僅是倫理範圍和道德推理的界限；在這一背景下，首要的話題是基督教具體意義上的信仰，而不是亞伯拉罕的故事引出的信仰問題。

在這兩本書的背後，我們可以看到18世紀兩位思想家的影響。在祁克果眼裏，他們已經着力探討了基督教信仰某些重要的方面。其中一位是哈曼(J.G. Hamann, 1730–1788)，一個特立獨行的思想家。祁克果在學生時代接觸到他的著作，認為他對理性主義毫不妥協的批判——在神學和其他方面——令人大徹大悟。另外一位是萊辛(G.E. Lessing, 1729–1781)。祁克果是幾年後在閱讀施特勞斯的《基督教信仰》時看到萊辛那篇影響深遠的論文《論精神與力量之證明》的。在適當的時候，我們會提到哈曼對他的影響的意義；眼下要探討的是萊辛在其論文裏所闡述的觀點，因為祁克果清楚地指出，這些觀點構成了《片斷》和《附言》共同的論辯起點。

萊辛討論的基本主題關係到以歷史為中心的基督

教的地位。基督教是怎樣將它的中心觀念，包括耶穌是上帝之子這一主張，建立在某些僅僅是推定的歷史事實之上的？這不僅僅是説，歷史事實可能需要有説服力的證據，這種證據是歷史研究通常所要求的。即便允許它們有強大的經驗支持，也並不會保證其顯得非常真實。關於歷史的陳述，無論得到多大的證明，肯定無法如親身經歷或親眼目睹所得到的當前經驗那樣確定。此外，這也無法最終解決出現的困難，因為還有一個問題，那就是應該如何解釋關於歷史事實的斷言，從而證明接受一種具有超驗性質的主張是合理的。換言之，從一套表面看起來是經驗的觀點過渡到另一套屬於完全不同的範疇的觀點，要靠什麼來證明其合理性？萊辛這麼説：

> 如果説，基於歷史，我不反對基督讓一個死人復活，那麼，我是不是因此就要接受上帝有個兒子、這個兒子和他擁有同樣的本質這一觀點呢？一方面，我缺少有效反對前者的證據，另一方面，我有義務相信違背自己理性的東西，這二者之間是何關係？

面對這樣的問題，萊辛有一段名言，認為存在着一條「醜陋、寬闊的鴻溝，無論我多麼頻繁、多麼熱切地努力，就是無法逾越它」。他沒有十分清楚地闡述自

己的這一立場，相反，他似乎同意把宗教觀念「非神話化」，即認為宗教觀念首先包含了倫理事實，人僅靠理智便能內在地理解。這些事實無所不在，恆常有效，不可能基於或源於純粹偶然的東西。由此，歷史因素如果在這裏是相關的，那麼它只能是例證並暫時解釋一個獨立的、可以確定的道德內涵——萊辛贊同的看法是，宗教並非因為「福音傳教士和使徒」教授它就是真的，相反，因為宗教是真的他們才教授它。或者，正如他在另外的地方所說的，歷史啟示「對人類毫無貢獻，人類僅僅依靠自己的理性找不到它」。

不管萊辛自己提出了什麼樣的結論，對祁克果來說，這一論斷的主要貢獻在於，它準確地把握了困擾他的難題的本質。基督正教武斷的教義與理性不相容，其價值也不可能僅僅通過史料來證明，無論如何，這些史料在本質上是有疑問的。因此，我們有必要進行選擇，要麼在「質量上」或範疇上來一次跳躍，這一跳躍曾打敗了萊辛自己；要麼拋棄這裏所提到的教義，接受另一種選擇，即人類的理解和理性能夠接受的選擇：沒有中間道路可走。其實，這正是祁克果在《片斷》裏要探討的核心主題。在後來發表的《附言》中，這一主題繼續以不同的形式貫穿始終：最重要的是有必要反駁一種觀點，即基督教代表着一種學說，無論是從推理的思維來看，還是從歷史知識來看，這種學說都能得到

客觀地證實。不過，在探究這一主題的時候，他以自己獨有的方式挖掘其內在意義。

理智與信仰

《片斷》雖然簡短，卻不易讀懂。它表述的方式有些古怪，思路有時突然中斷，有時突然跳躍，令人迷惑。不過在開始，主要的焦點是認識真理的兩種截然不同的方法。雖然該書起初提出的似乎完全是一般性方法，不過，很快就可以看出來，它針對的是宗教真理的地位及認知，這就是該書最關心的問題。

對於自己最初的問題，祁克果一開始就列出兩個完全對立的答案。第一個和柏拉圖及其「回憶」說有關。在柏拉圖的《美諾篇》中，一道難題出現了：我們如何希望獲取知識呢？因為，如果我們已經知道了真理，就不能再去追尋它；如果我們還不知道真理，在碰到它或它表現出來後，我們又如何能識別出它是真理呢？無論是哪一種情況，從理論上講，認知都是不可能的。碰巧，像對待數學真理一樣，柏拉圖也關心這種「永恆」的真理。他指出，解決的辦法在於我們認識到，認知意味着主體意識到呈現在——儘管是蟄伏地——其內心裏的東西，教師的作用就在於提醒該主體，他擁有的潛在東西是什麼；認知就是挖掘或啟封從某種意義上來說已經存在的知識。「真理，」用祁克果的話說，「不是從外部介紹給個人，而是本

身就存在於個體之中。」由此便得出這樣一個論點：教師的作用在任何時候都僅僅是「偶然的」，因為大不相同的人或情境可能得出非常相似的結果。實際上，祁克果認為這一觀點代表了一種非常流行的理性主義，這種理性主義得到思辨哲學家尤其是他那個時代的唯心論者的普遍接受。的確，黑格爾自己不止一次提出，柏拉圖把知識看做「回憶」（Erinnerung），這與他自己的觀點有些類同。黑格爾的觀點是，就整體而言，實在由原則生發，這些原則潛藏在我們的思維過程中，其基本特點可以由哲學思考引導出來。不過，無論如何，也不管實在的表現形式有多麼複雜，祁克果認為，他心目中的這些理論家相互間的關聯之處在於，他們都不假思索地相信，人類理性是最終的或基本真理的唯一來源。

按祁克果的解釋，另一種替代立場正是基督教的看法，這種立場的前提和某些觀點完全相悖，這些觀點被他有些漫不經心地視為來自於追隨柏拉圖傳統的思想家們。在這裏，後者的論點與其說被拋棄，不如說是被顛倒過來。於是按照這一對立的觀點，個體自身並不擁有靠某種哲學「助產士」來激活的、潛在的終極真理。相反，個體被描述為與超越他的東西存在外在的聯繫，他並不了解這些東西。他必須「被描繪成處在真理的界限之外，不是像一個改宗者去接近它，而是遠離它」（《片斷》第16頁）。這裏要表明的

是——祁克果時常提及這一點：個體被如此疏遠，這不是偶然的或暫時的無能為力；相反，他自己要為這種狀況負最主要的責任。確切而言，我們可以把該狀況說成是一種「罪過」——個體不僅「處於真理之外」，而且對待真理的態度是「論辯性的」。由此可以引出兩件事情。首先，既然個體不會擁有這種意義上的真理，那麼只能從外界將這一真理賦予他。其次，如果要認識真理，個體就必須改變自己內在的觀點，否則，自身的墮落和盲目會阻止他獲得真理。然而，如果說有個教師既能夠幫助學習者認識真理，又能夠向他提供必要的學習條件，那麼，這個教師不可能是另一個人：他只能是上帝。

> 如果有誰不僅將真理傳達給學習者，而且向他提供理解真理的條件，那麼這一位就不僅僅是教師……如果說有誰要做到這一切，那只能是上帝本人。

（《片斷》第18頁）

不過，在傳送真理的同時，不能通過嚇唬或迷惑的方式來征服學習者，因為這樣的話，學習者就不會心甘情願地接受，這樣也沒有給他選擇的自由，而是使他出於類似恐懼的外部因素而去接受真理。相反，在被呈現的時候，真理應該是以平等的姿態與他進行平等

的交流，這就意味着上帝不得不以人形現身在他面前。換言之，我們面對的是基督教關於道成肉身的觀念。

這一觀念是自相矛盾的。在祁克果看來，它表現了他所稱的「絕對的自相矛盾」。因為該觀念要求我們相信，在某一時刻，外在之物進入時間領域，表現為有限存在之種種局限性。這顯然是不可能的，它不可能被納入人類思維和理解力的限度之中。因此，在理性看來，它肯定是「令人不快的」，理性會「覺得它無法想像，自己也無法去發現它，並且即使聽到關於它的述說，也不可能理解」（《片斷》第59頁）。不過，該觀念依然構成信仰的恰當目標，這只能進一步肯定萊辛已經清楚看到的問題：信仰和理性無法和解，二者必有其一作出讓步。留在理性這一層面就是決心拒絕這一自相矛盾；從這一觀點來看，它是一種「荒唐」。另一方面，一旦理性範疇被放置一邊，信仰便拋頭露面，個人進行「跳躍」，承認教師所要求的特殊品格。不過，祁克果堅稱，這一躍必須在教師的輔助下才能實現。它以他所稱的「條件」為前提，因為，除非學習者的本質在神恩下發生轉變，否則便無法完成這一「跳躍」。不這樣想的話，就相當於認為他完全可以依靠自己墮落的力量去認識真理——這一點已經遭到否定。由此，我們可以說，有兩個自相矛盾的「時刻」——道成肉身的時刻和信仰的時刻；

第二個時刻與第一個時刻是相互關聯的，兩個都必須被視為「奇跡的」：

> 不過這樣一來，信仰難道不是和那個自相矛盾一樣自相矛盾嗎？一點也沒錯。除此之外，它又如何能夠以那個自相矛盾為自己的目標，並且快樂地與之保持聯繫呢？信仰本身就是一個奇跡，凡是相信那個自相矛盾的，也會相信信仰。

（《片斷》第81頁）

我們在思考祁克果關於基督教的立場時應該記得，在目前的背景下，他的目的不在於為這一立場辯護或辯解，而在於讓我們關注它所涉及到的東西——至少表面上是這樣。從他已經說過的話來看，他沒有小覷該立場在研究上可能帶來的困難，反而強調這一點。他想突出——而不是掩蓋——它和我們自然的思維模式之間的距離，強調後者在與超越其領域之外的東西發生聯繫時，將不可避免地遭遇這一障礙。不過同時，他也不想否認人的智力一向喜歡努力超越自身受到的束縛，在自己理解力的範疇裏或原則下徒勞無功地汲取顯然是無法企及的東西。由此，他認為，哲學家和神學家也擺脫不了這種習性，他們常常情不自禁地想把基督教超越世俗的觀念改變成我們熟知的或根深蒂固的知識：「如果哲學家不把超自然的東西變成瑣碎

的平常事，」有一次他諷刺道，「我們要他們來做什麼呢？」(《片斷》第66頁)這種改變的一個辦法是，只援引在他看來首先與柏拉圖(Plato)的觀點相關聯的理性因素來證明上帝的存在。另一個辦法與第一個辦法截然不同，它不是從純理性引出宗教觀念，而是利用歷史提供的證據。祁克果力圖證明的是，不管用哪一種辦法，這種努力終將失敗。

他對前一類論點的反對雖然重要，但大都附和康德已經提出的觀點。康德認為(之前的休謨也有此看法)，理性自成一體，獨立於所有的經驗之外，只能對觀念或概念起作用，無法獨立地顯示任何事物的存在。因此，僅僅靠上帝這一概念去證明上帝的存在——所謂的「本體論證明」就是這樣的，那是不能成立的。我們不可能僅從一個關於完美存在的概念引出一個實實在在的主張，認為這樣的存在是實在的。祁克果說過，運用這種方法「我沒有證明……一種存在，只不過是充實了一個概念的內容」(《片斷》第49頁)。「上帝」這一概念的或理想的「實質」肯定與其「真實的存在」有明顯區別，而後者正是這裏要討論的。乍看之下似乎合理的是，即便我想從神的技藝在所謂的自然法則中的體現推斷出它的存在，我還是得不出任何重要的結論。這些體現以一種「理想的讀解」為前提，對於這種讀解，我已經心照不宣地將其應用於實例，沒有為希望得到的結論之合理性提供

獨立的支持。經過這樣簡單的概述後，祁克果覺得，必須以懷疑的姿態反對傳統上自然神學的路數。要應對概念的或同義反覆的真實性，就必須運用理性；如果出現相反的情況，那是因為存在着事先已有暗示的某些關鍵假定。因此，對於分配給它的任務來說，理性是無用的。不過，從這種抽象思維轉向對啟示的積極看法，會提供別的什麼選擇呢？有沒有可能尚未出現可靠的理性——這次是基於具體的歷史——來接受這一切呢？除此之外，這樣的方法——和前一種不同——還有一個優勢在於，它能公正對待祁克果自己所堅持的基督教的某個方面，即着重強調一種獨特的歷史事件的出現及其意義。因此，他長篇大論地探討歷史研究的地位及其與信仰的聯繫，也就不足為奇了。雖然祁克果的敘述有嚴重的曲解，但還是可以得出以下的觀點。首先，他強調，歷史事件和歷史變化的特點是不能簡化的偶然性或非必然性。諸如黑格爾這樣的神學家把歷史的範疇和邏輯的或形而上學的範疇強摔在一起，因而認為歷史領域體現了概念之間的必要聯繫，這是非常錯誤的。其次，他指出，從認識論角度來看，了解這一特徵會產生重要的結果。關於人類的過去是偶然的、實在的種種設想肯定缺乏一種確實性，這種確實性屬於在概念上可證明的、關於理性的真理。如果說有些設想只限於描述我們當前的經驗，因而有可能是確定無疑的，那麼，這些關於人類

過去的設想同樣缺乏這樣的確定性。事實上，即使對於那些根據觀察得來的、意在超越明白無誤的感官信息的平常觀點，上述結論也是正確的——我們只要（祁克果建議）想想一些關於感性幻覺的常見例子，就知道現代人即使親眼目睹一個事件，也有可能曲解該事件的真正性質。無論如何，就歷史觀點而言，他們所說的內容和這些內容所依據的證明之間存在明顯的差距，這一差距使得所說內容的真實性在邏輯上大打折扣。那麼，我們該如何接受它們呢？祁克果聲稱，在這裏，恰當的範疇是信仰，信仰在此應該指「意志的表達」而非理性的推理；與我們有關的「與其說是結論，不如說是決心」，這是一種「排斥懷疑」的自願行為。如此想來，信仰不可避免地要冒險將自己獻身於不真實的、在嚴格意義上不同於知識的東西。不過，從祁克果的其他著述來看，他似乎認為，關於經驗事實（包括歷史事實）的種種設想具有不同程度的可能性，這一點是合理的。如此，我們可以說（正如他自己在《附言》裏所說的），自己至少「大致了解」這些事實。這就引出第三個觀點，也是他的核心觀點。

區分「直接的或普通意義上的」信仰和「突出的」信仰或宗教信仰，這是非常重要的。前者與通常的歷史觀念有關，後者則與基督教「自相矛盾的」歷史觀念有關。雖然前一種信仰無法在理性上得到證實，但是它構成我們對這個世界的一般看法，代表的

是人類意識中完全自然的一個層面。第二種信仰則要求我們接受——正如先前已經看到的——有悖於理性、使理解力迷惑的東西。由此必然得出這樣的觀點，即凡認為基督教信仰多少是可以説得通的，或者，可以通過公認的歷史方法變得可能的，都是對基督教信仰之本質的根本誤解。在這裏，我們研究的不是直截了當的或一般的歷史假想，它們或多或少與可獲取的文獻相吻合：「這一歷史事實是我們假想的內容，它具有特殊的性質，因為它不是普通的歷史事實，而是基於一種自相矛盾的事實。」（《片斷》第108頁）也就是説，我們認為，「永恆」或無限已經及時出現，而討論這種聯繫的可能性顯然不合時宜。並且，在祁克果看來，它還具有可惡的誤導性：「這樣看待信仰無疑是在誹謗它。」除了其他的一切，我們也會認為它具有如下暗示：對那些的確目睹了福音書裏提到的事件的人來説，這樣的信仰更顯真實，而對後世的人來説，則不會這樣。不過，他卻竭力要否認這一看法。對某些被認為本來就是自相矛盾的東西的接受，不能受制於時間狀況或環境的變幻莫測。一個現代人只依據自己的所見所聞，可能無法看出道成肉身的意義，這和只能依靠證詞的後來者的情形想必是一樣的。不管是哪一種情況，這裏所體現的不過是信仰的一種「情況」。

沒有間接的門徒。第一位門徒和最後一位門徒在本質上處於同一層次，只是後來者在同時代人的證詞中找到屬於自己的情況，而當代人則在自己的當代性中找到屬於自己的情況。

（《片斷》第131頁）

從宗教角度來說，二者誰也沒有超過誰。在所有情形中，信仰要求的不僅僅是一次跳躍，而且是一躍而入理性無法想像之地，這要借助於神才能實現。這足以駁倒任何對不同的時間優勢進行比較的建議。按祁克果的理解，信仰不是一個超級證據或觀察條件的問題；我們已經看到，它的可能性依賴於奇跡。

祁克果一再提到宗教信仰的奇跡性質，認為根本不能把它與所有公認的人類認知形式相提並論。他的這種強調令人想起休謨在《人類理解研究》中一段著名的話，這段話我在第二章已經簡要提到。正如近來有些人指出的，實際上，休謨的認識論觀點和《片斷》中關於世俗知識及信仰的觀點有明顯的大致相似之處。兩人都把認知確定性的特點限制為理性的必要真實，限制為描述眼前感官信息的設想：同樣地，兩人都暗示，理性——論證性意義上的——無法證實關於經驗事實的因果推斷的合理性。的確，休謨努力在心理學上解釋這種推斷，從我們通常的或習慣性的期待出發，這種期待源自我們過去對規律的體驗。祁克

果則相反——非常奇怪地相反，認為這些推斷表達了人的意志。不過，即使在這裏，如果我們記得他是如何區分「普通」信仰和「突出」信仰的，這種對比也會顯得不那麼明顯。在當前的情況下，休謨和祁克果的這些相似之處就有了一層附加的、更具體的意義。休謨在《人類理解研究》中指出，基於理性的自然神學不僅在原則上遭到反對，而且，面對人們大量的普通經驗，想通過《聖經》的證詞建立關於所謂的超自然現象的宗教觀念也無法令人信服。因此，在討論奇跡的那一部分的最後一段中，休謨得出這樣的結論：「基督教這一宗教不僅一開始就伴隨着奇跡，而且到今天，離開奇跡，任何有理智的人也不會相信它」。他繼續道：

> 僅僅靠理性無法説明它是真實的：凡受信仰的感動而去贊同它，肯定是不斷感受到發生在自己身上的奇跡，這奇跡顛覆其理解力的所有規則，令他決意相信十分違背常規和經驗的東西。

儘管兩人強調的重點不同，語氣也不同，但休謨的結論與祁克果對信仰的敘述很是接近，以至於令人懷疑這不完全是偶然的。這種懷疑似乎大有根據。祁克果早年在日記中提到，他在閱讀哈曼著作的時候，看到有一處特別提到上面這段話。哈曼説，「休謨也許是

滿懷輕蔑和挑剔說這番話的，但是同時，這也是從一個敵人兼迫害者的嘴裏說出來的正統信仰和對真實的證明——他所有的懷疑證明了他的觀點」。在這裏和在哈曼反知性論的著作裏，特別觸動祁克果的是後者拒絕把先驗的理論化做真正的發現和啟示的來源；相反，他強調相信（Glaube）或信仰，認為這是精神洞察力直接的、神啟的天賦，但其洞察被自然神學家和思辨的形而上學家的邏輯蛛網遮蔽得光影全無。哈曼認為，休謨的主要功績在於他有效地瓦解了所有想要用理性或常識來證明某些觀點的努力；這些觀點無法由論辯來加以說明，也不屬於抽象領域，無法進行歸納：雖然他自己便是多疑的諷刺家，可是無論多麼無意，他的確因此成了自己所嘲笑的那個宗教的同盟者。我們已經注意到，祁克果追隨他的德國前輩，完全承認這位懷疑論者的反對觀點的力量。如果基督教信仰的宗旨服從於休謨的「理智之人」的看法，它就必然顯得不僅是毫無根據的，而且是荒誕的。他（又和哈曼一樣）認為這些反對觀點有利於消除長期以來對這種信仰的真正性質的誤解，因而，一旦放在適合正在討論之內容的視角下，該信仰根本的重要性便得以大大突出。誰要想通過符合日常看法和經驗的要求來解釋這種信仰，他就會成為一個深刻的誤解的犧牲品——而且，這一誤解意味着逃避真正的危險，應該受到責備。哈曼說過，「謊言和浪漫故事肯定是可能

的，假想和寓言也一樣，但真理和我們信仰的基本宗旨卻不是這樣」：後者構成「完全獨立的領域」，一切通過援引客觀知識和理解來證明其合理性的努力都涉及「範疇的混亂」，代表着「精神之誘惑」。基於這些考慮因素，萊辛對於信奉基督教先驗觀點所要求進行的跳躍的堅持，便為祁克果提供了一種放大的強制的意義；對於個人而言，它產生了重要的結果。

他對這些結果的看法在《附言》中變得明顯起來。不過在提出它們的背景中，受到強調的不是為基督教信仰提供理性支撐的傳統努力，而是近來受到追隨者青睞的「最新哲學」。無疑，《片斷》間接提到了黑格爾哲學的主題。不過，祁克果意識到有必要區別黑格爾將宗教意識附屬於理性範疇的獨特模式和在它之前所作的類似努力；對於這種努力，黑格爾哲學意欲取而代之。相應地，在《附言》裏，我們發現祁克果進行了持久而全面的評論，這些評論特別針對黑格爾理論隱含的意義。

黑格爾哲學的失誤

《片斷》一開篇就大致描述在某些方面誤導人的截然分別，我們不難看出，為什麼祁克果特別關注黑格爾對宗教的看法。因為，無論黑格爾的其他觀點是怎樣的情況，黑格爾的唯心論以一種鮮明的絕不妥協的姿態反映了一種觀念，即對人類理性來說，實在可

以變得完全透明。同樣地，這種唯心論並不滿足於僅僅為公認的基督教教義提供理論支持，它還要為其真正的——即便是潛在的——內容提供一種正確的讀解。不過，這樣做的話，它實際上似乎——至少在祁克果看來——改變了它們，剝奪了它們的基本特質，把它們鮮明的特徵視為一種不成熟觀念的並不重要的表現；對於這種不成熟的觀念，哲學注定最終要超越它。用他自己的話說：

> 如果一個人喜歡異教勝過基督教，那絕不是頭腦糊塗，但如果他發現異教是基督教內部的最高發展形式，這對異教和基督教兩方面都是不公平的……思辨運動為自己完全理解基督教而感到自豪，同時，它把自己說成是基督教的最高發展形式，可是非常奇怪地發現並不存在一個「彼岸」。它把關於未來的生活、關於另一個世界的觀點，以及類似的觀點都說成是誕生於有限理解力的辯證局限性。

（《附言》第323頁）

當然，這並不妨礙黑格爾一派經常利用宗教語言來表述自己的觀點。祁克果的看法——「基督教的整套術語被思辨的思想挪為己用」——可能是誇張的說法，不過並非無中生有。因此，黑格爾自己在談到絕對精

神的性質和發展時就經常提及上帝，甚至把自己的哲學稱為「神正論」；他還樂於把自己的哲學體系與基督教的歷史維度合併，把類似道成肉身這樣的觀念看做表達了人和宇宙進程的關係，在這一進程中，人作為一種有限的、具有自我意識的存在必然參與其中。不過，我們還不能說他是個正統的有神論者、基督徒或別的什麼。我們早先已經看到，黑格爾的精神無法離開人而獨立實現，終極真理也不是通過神恩「從外部」灌輸給我們的。他著力否認，對於自主、自我識別的精神原則這一根本觀點，超知覺的「彼岸」——不管它被認為是形象化的，還是被抽象地認為是康德式的假設或「觀點」——是內在的；這種精神原則在人類世界中完善自我，它只能通過像我們這樣有意識的動物才能了解到自己。黑格爾在他的《百科全書》第三部分中說，上帝正因為知道自己是誰，才是上帝，而他只有通過人才能認識自己。

不過，堅持認為——儘管找了種種托辭——黑格爾對宗教的讀解嚴重歪曲了基督教思想的真正意義，這是一回事；評價作為這一讀解的源頭和支撐的哲學，又是另一回事。祁克果希望表明，黑格爾的形而上學——從它自身以及它所宣稱的要為實在提供全面闡述的目標來看——實際上是有缺陷的，這種缺陷是無法彌補的，因為總體結構的弱點位於它的根基。

圖12　費爾巴哈(1804-1872)

　　祁克果在提出自己的批評時，部分援引了費爾巴哈(Feuerbach)和特倫德倫堡(Adolf Trendelenburg, 1802–1872)對黑格爾的批評，後者是祁克果非常敬佩的一位精明的、亞里士多德式的學者和邏輯學家。從他自己的描述來看，這些批評表現為對思辨的設想進行諷刺的、常常是散漫的評論，而不是按部就班地細察黑格爾具體的論點和推斷。誰想在這裏找到有條不紊、條理清晰的反駁意見，那是不可能的。不過，人們感到，正是這種缺乏詳細分析符合祁克果採用的一

般策略。他非常樂意承認，如果我們認為黑格爾的「體系」不過是一種精心構建的「思想—實驗」或模式，研究的是基本邏輯範疇之間的內在聯繫，那麼它代表了一種令人印象深刻的理性成就。不過，根本的麻煩和代表它的本體論觀點有關，根據這一觀點，現實和存在的具體領域應被視為以某種方式表達了(而且依賴於)從根本上而言是一種自我生成的理性活動的發展。這一轉變令人無法接受，被認為是一種「瘋子的假想」，它是黑格爾絕對精神學說的核心。人們平常運用和理解的概念思維是從現實經驗中抽象出來的東西，而且，所有這樣的抽象思維都不可避免地要求或預設一位思想家在某些方面以一個實實在在的個體出現。宣稱(黑格爾的確這樣做了)在邏輯上思維先於存在，這是顛倒真正的秩序，相當於復活(儘管以一種混亂而詭辯的形式)一種論辯模式，康德已經充份揭露了這種模式的謬誤。事實上，黑格爾能夠對他自己和讀者瞞過這一點，是因為(有人提出)他使用「剛剛發現的第三種媒介」來補充抽象思想和存在。

祁克果把這裏提到的另一種媒介命名為「純粹思想」。如果說抽象思維植根於經驗現實，那麼純粹思想顯然要設法擺脫這種世俗的羈絆；它是一種囊括一切的因素，依據它，一切有限的、由時間限定的存在模式，包括和我們相關的、意識和經驗的具體對象，都可以得到理解和闡釋：不如黑格爾的觀點那麼成熟

的觀點原先遭受分歧的困擾，正是由於這一「假想」的力量，這種困擾最終得以解決，使我們有可能確定主體和客體，以及神人合一最終的特性。不過在字面意義上，這一假想是荒謬的。真正源於人類思想的概念在與這個世界互動時，被錯誤地賦予一種獨立存在的現實，思想因而得以「拋棄存在」，「遷居至第六塊大陸，在那裏，它完全自給自足」（《附言》第295頁）。在《邏輯學》中，黑格爾可以自負地認為，自己的體系並不需要任何假設，可以從最抽象的概念，即赤裸的或無區別的「存在」開始，然後展示它如何引入一個辯證程序；在這個程序中，對立的概念依次得到協調或在漸進的更高層次上進行合並。如此，在起始階段，存在(being)引出其對立面虛無(nothing)，隨後用生成(becoming)這一概念調解二者。不過，概念在理論上的轉化不能與在現實世界中的實質性轉化混為一談；此外，黑格爾似乎忽視了一點：所有的抽象概念，甚至包括他宣稱的完全沒有確定內涵的，都必須由經驗的個體去理解、去接受——在目前這種情況下，需要這位思辨哲學家本人去理解、去接受；他為自己構建的體系負責，在其他不那麼高尚的場合，人們發現他擤鼻涕，或像一個教授那樣領取工資。祁克果說，這些因素實際上大大剝去了一種神秘媒介的虛構性，這種媒介「神秘莫測地懸浮在天與地之間，與實實在在的個體完全無關，它可以解釋一切，卻無法

解釋自己」(《附言》第278頁)。日常生活中具體的人類主體，其存在是所有實際的論證過程的當然前提，現在這一主體被吸入「純粹思想的皮影戲」中，形而上的唯心論以異想天開的普遍主體取代了它的地位。

乍看之下，如此責備這位思想家，似乎有些奇怪。這位思想家堅持世界歷史注定要在人類的具體活動和理解中實現其目標並達到最終完滿。不過，祁克果主要關注黑格爾的方法，它歸根結底顛倒了思維與實在的關係，包括思維與作為實在之一部分的人類的關係。因為，在闡述的尾聲，後者被說成不過是所謂的「絕對」理性的表現和有意識的工具，而這種「絕對」理性是超越它們的。通過把這些表現和工具的合理性提升為一種自動的、包羅萬象的精神原則，黑格爾便容易受到一種重要方法的攻擊，而他在討論其他觀點時，一直樂意採用這種方法。這種批評成了他自己的哲學的對頭，這是合乎情理的。

當然，與祁克果同時代的德國人得出了對黑格爾的唯心主義本體論同樣具有破壞性的結論，這些人便是激進的青年黑格爾派。不過，他們更願意接受這一本體論中隱含的模糊性，而他們從中得出的結論則與黑格爾的截然不同。要改變黑格爾體系的基本重點，他們認為可以這樣改變，即通過改變能深刻洞察人與自我、與他所生活的這個世界的關係。因此，黑格爾關於宗教的意義及作用的個別概念一旦被轉換成一種

經過適當純化後的人類學術語，那麼它就是正確的。此外，正如黑格爾本人所暗示的，對他思想中所描述的許多寬泛範疇和對立概念都可以進行經驗的解釋，這種解釋揭示了是什麼力量真正控制人類在社會和歷史背景下的發展。費爾巴哈首先提出一種與這些思想一致的「去神秘化」的註解形式，其他人，尤其是馬克思，很快認識到這一形式的可行性，並進行挖掘。

祁克果自己的反應——至少在《附言》中表現出來的——和這些觀點的精神恰好相反。如果黑格爾的宗教理論容易引出這樣的解釋，即是人而不是上帝構成了宗教意識的真正對象，那麼這只能進一步印證所謂的「思辨的讀解」完全歪曲了基督教的含義。不過，無論如何，他根本不贊同黑格爾體系的觀點；在這一體系中，基督教被認為是關於人類狀況的重要真理的潛在源泉。相反，祁克果在這裏所說的一切表明，他感到無論在原則上還是在實際立場方面，這類觀點都遭到了誤解。將黑格爾的歷史哲學脫離啟發它、支撐它的邏輯的和形而上的假定，這肯定是不合理的。因此，接受這一歷史哲學就不可避免地要——錯誤地——贊同關於過去的宿命論觀點。這裏提出的觀點把歷史過程說成是走上一條無法逃避的必由之路；相應地，它既不尊重歷史事件是偶然的這一基本特性，也不尊重參與其中的人類行動者的自由。事實上，《片斷》中已經提到這一點；不過，在目前的背

景下，他進一步用另一種在他看來極端重要的因素強調這一聯繫。黑格爾有一個命題，即歷史是「觀念的具體化」。實際上這相當於聲稱，被認為包含了進化的思想或「原則」範疇的歷史階段和社會，在對人類事務的意義進行任何可接受的評價時，都應該居於首位。結果是，個體的地位相應下降，其作用萎縮到僅僅「代表」或具體表達他那個時代或社會的精神。

祁克果認為，這種學說不僅本身是不正常的，而且在實際中具有潛在的危害性和削弱的力量。從心理學角度看，它符合通過托辭或自欺來逃避個人責任和承諾的一般傾向。在其他地方，他認為這是當代社會不適的症狀。人們太容易「在事物的整體中，在世界歷史中迷失自我」，把自我的個體身份淹沒在諸如時代精神或人類進步這一類集體觀念中；當代黑格爾哲學的魅力之一便是，它似乎向這一類的態度致以學術上的尊敬。不過這不是全部，因為我們也可以認為這種學說清楚地支持一種行為理論，根據這種理論，「倫理首先在世界歷史中找到其具體的表現，在這種形式中，倫理成為世人的任務」（《附言》第129頁）：換言之，後者被用來認識他們所屬的歷史領域的「道德實質」，令其在行為中與此相吻合。因此，倫理模式被公眾、被客觀所同化。一個人要使自己成為道德行為者，就意味着承認自我在公認的社會秩序中的位置；而且，遵循這種秩序，我們將獲得黑格爾所說的

「真實的自由」，即具有自我意識的個體發覺自我在宇宙中獲得完滿和「實現」。

這裏提到的倫理概念令人清楚地想起另一個概念，祁克果至少有某一段時間在《非此即彼》和《恐懼與顫慄》這樣的作品中描述道德觀的時候，似乎一直記得這個概念。因此當我們發現，這樣的概念在《附言》裏似乎從頭到尾大大地歪曲「倫理模式」真正的含義時，不禁會感到有些吃驚。他用不少篇幅強調，倫理在根本上涉及個體和他最內在的自我：「倫理利益只存在於一個人自己的實在中。」（《附言》第288頁）凡試圖外化它，或使它客觀化，無論是以「世界歷史」的形式還是以社會公認的規則和規範的形式，或二者兼而有之，都是大錯特錯的：相信倫理生活證實「形而上的原則……即外在的就是內在的，內在的就是外在的，二者完全同量」，這對那些被困在日常生活的「經緯」中的人們，或許有一定的誘惑力；不過，這種「誘惑力可以被滿足，也可以被征服」（《附言》第123頁）。倫理首先和個人的「內在精神」有關，凡想破壞或侵蝕這一重要見解的，我們必須進行堅定的抵制。

我們該如何理解這一點？雖然祁克果利用筆名無疑使事情複雜化了，不過，即便是最贊同他的評論者也難以聲稱他的著述一向具有清晰的連貫性和精確性。在我們眼前的這個例子裏，我認為必須乾脆地承

認，(無論多麼令人困惑)他在構建《附言》中的倫理模式時所用的方式與對這種模式的描述常常明顯不符。在那些他主要關注將該模式與宗教模式進行對比的情形下，這種描述是佔統治地位的。在當前的聯繫中，他似乎想強調兩種領域的連貫性，而不是強調它們的不同，這並非巧合。不過，這裏所涉及的變化不像起初看上去那麼劇烈。其一，甚至在先前對道德的討論中，他就暗示，把道德看做一種自足的人類制度，與認為道德的終極權威源於它表達了神的意志，這兩點之間應該有所區別。其二，我們記得，在《非此即彼》中，法官對倫理的敘述有時表露出明顯的緊張，即某種矛盾情緒：當然，他在某些場合提出，信仰的深度、內在的或個人的承諾的力量對道德意識來說是內在固有的。它令人懷疑這些特徵是否最終可以與一些觀念和解，這些觀念強調道德規範的社會性質和制度化性質。可以説，在《附言》中，正是這種強烈的個人主義筆調佔據了優先位置，控制了對倫理和宗教的論述。和對倫理的論述一樣，現在看來在對宗教的論述中黑格爾也受到譴責，因為他錯誤地描述並扭曲了有爭議的問題：

> 他的體系過於擁擠，倫理無法在其中安身。作為倫理的替代品，某種東西被包括進來，它混淆了歷史和個體，混淆了時代令人不知所措的、聒噪

的要求和良心對個體永遠不變的要求。倫理着重於個體，所有的個體要想成為一個完整的人，這就是他不變的任務。

（《附言》第309頁）

主觀的看法

一般而言，祁克果斷定，黑格爾試圖證實由來已久的理性觀念是終極真理的一個源泉，這種努力導致無法逾越的困難，容易招致根本的反對。祁克果雄心勃勃，要理解實在的各個方面，包括屬於道德意識和宗教意識的方面。他完成了這一點，卻付出了代價：範疇被毀滅性地熔合，應該適當分離的事物被互相吸收。如此，存在被吸收到思想裏，偶然性降低為必要性，個體從屬於普遍性。而且，他的方法還有一個必然的結果，即導致他忽視或者至少着力掩蓋這一點：我們形成概念，作出推斷，首先依靠感官的知覺。我們在《片斷》中有時可以看出經驗主義認識論的痕跡，在《附言》的反黑格爾論辯中，它又時不時冒出來。不過，如果我們認為在《附言》裏——比在《片斷》中更突出——祁克果有意表明另一種方法是可行的，只要這種方法避開黑格爾誇大不實的理性主義所染上的詭辯和幻想色彩，它就有可能為基督教提供客觀的支持，這種支持可以被休謨在《人類理解研究》中提到的「理性之人」所接受，如果我們這麼想，那

就錯了。提供這樣的支持，不論是用黑格爾的方式或用其他方式進行讀解，都完全不合時宜，必須堅決予以拒絕。我們得知，基督教「反對任何形式的客觀性」。在這裏，只有主觀接受才是「具有決定性的因素」。

> 基督教關心的是主觀性。如果它有真理，這真理也只存在於主觀性之中。就客觀而言，基督教絕不是存在性的。

（《附言》第116頁）

關於主觀性的思想，還有與主觀性相聯繫的真實性觀念，我們實際上可以說已經觸及一個重點，祁克果在《附言》中關於宗教信仰的敘述最終轉向了這一重點。他堅稱，信仰「是主觀性固有的一部分」，構成其「最高的激情」；只有通過「成為主觀的」，我們才能理解和借用基督教的意義，使它成為信仰者的一種現實。不過，他對這一觀點的論述是複雜的、晦澀的，自然而然地引起許多論爭。他心裏想的是什麼？這想法與先前提出的一些觀點有何聯繫？這些問題不容易回答，一個主要的原因是，他在探討這個話題時，受到了眾多不同因素的影響。

　　其中一個因素可以說起到了核心作用，它着重於行為者之立場和旁觀者之立場的對比。法國哲學家穆

尼耶（Emmanuel Mounier, 1905–1950）曾把存在主義描述成「人之哲學對思想哲學和物之哲學走向極端的一種反動」。對祁克果而言，這番話當然是貼切的。我們在第三章已經看到，他指出，如果認為超然的或觀察性的思想模式為我們提供了一種視角，人類生活和經驗的各個方面都可以在這一視角下進行調和，那是一種幻覺。他努力強調兩種態度——對思考和客觀研究的淡然態度，和投入或參與到行為及實際意志中的態度——有天淵之別。在這種強調的某些方面，人們會拿他所運用的方法與康德對理論觀點和實踐觀點的區分進行比較。如果我們在某些科目或學科分支如數學、歷史或自然科學所設置的界限內採用前者，不會出現反對意見。不過，一旦旁觀的或外在的態度得以漫延過恰當的界限，吞沒它所涉及的一切，導致個體作為行動和選擇的特殊中心忘記其獨特的個性，那麼誤解便出現了。不管在思辨的唯心論中個體被說成只是絕對精神的一個工具，還是在物質主義某些由科學影響而生成的形式方面，個體被視為由因果關係調節的宇宙中的一個組成部分，最終由不受他控制的規律和力量所支配，這種情況都會發生。關於後者的一個觀點也許可以說來自斯賓諾莎，不過更明顯的來源是法國啟蒙運動的某些代表人物。然而，無論出自何處，所有這些觀點都篡改或大大遮蔽了一個視角——如果我們把自我當成積極的、有自我意識的主

體來思考自己的能力，人人都過着具體的生活，要作出具體的決定，那麼這一視角是絕對必要的。設想我們可以採取一個自己想像的先驗立場，這意味着在一個人遭遇問題，這些問題又需要作出個人抉擇而無法進行客觀研究的時候，就無法正確理解他作為一個人意味着什麼。正如祁克果在1843年一篇著名的日記中所説的，在此意義上，我們無法找到阿基米德（Archimedean）式的「安息之地」：

> 正如哲學家所説的，生活必須向後去理解，這完全正確。不過，他們忘了另一個觀點，那就是生活必須向前活。

（《日記》第127頁）

當我們作為事不關己的旁觀者或研究者「從外部」去思考事物時，我們是怎麼想的，這和當我們作為固守形式的行為者採用「從內部」的觀點，努力實現似乎毫無爭辯餘地的具體意圖時，我們是怎麼想的，二者之間有重大區別。祁克果強調主觀性，其部分原因或許在於，面對那些或者忽視如何看待實際投入的意義、或者用巧辯來把它搪塞過去的人，他希望着力重申和強調這種意義。我們不能認為一切，包括我們自己和我們的行為，都可以從純粹觀察性的或解釋性的方面來看待。他不想否認人們常常假裝並非如此，人

們認為自己服從客觀範疇或種類，因而行為不得不受到限制：人們由此認為自己被賦予一種無法改變的品性，就像處於審美意識的某種表達中。此外，他們也許認同於某一特殊的角色，甚至（至少基於對倫理的某些解釋）想像自己無可奈何，必須遵守社會認可的規則和義務。不過，所有這些觀念都涉及種種的自我欺騙，必須予以揭露和曝光。祁克果把人們的注意力引向它們，可以說開創了對不真實和虛偽（mauvaise foi）的剖析；在後來的存在主義文學中，真實性與主觀性對上述兩方面的描繪佔有非常突出的地位。尤其是薩特（Jean-Paul Sartre），他認為「個體的主觀性」是自己思想的出發點，堅稱有必要認清這種主觀性要求些什麼，有必要弄清我們生而為人或為我們的行為所應承擔的責任，不能把它推給某種臆想的客觀決定因素而加以拋棄。薩特這樣說並非空口無憑。

在祁克果的作品中，這一主題非常清晰。在《附言》中，它以不同形式貫穿始終。即便是這樣，按他的情況，還有更多的問題有待探討。宣稱我們不能僅僅作為觀察者而活着，宣稱要充份描繪我們在這個世界上的處境，就必須明白地面對在行為中佔據主要位置的主觀視角所提出的主張，這是一回事；在寫作中，這一視角似乎歸根結底應該得到優先的地位，這是另一回事；主張只有參照這樣的觀點，我們才能正確理解倫理和宗教的意義，這又是另一回事。這些進

圖13　薩特(1905-1980)

一步的爭論都有助於明確他與眾不同的觀點，並且，這些爭論都與人們嘗試區分經驗的兩種層次有關。在某一方面，這種區分的某些含義似乎比迄今為止所分析的要更極端。

　　最後這一點上的眾說紛紜已令評論者感到迷惑。在祁克果述說時，似乎就其特徵來說，客觀沉思通過運用一般術語和觀點，不可避免地會妨礙對存在之基本特性的理解，而似乎只有通過行為的這種內在意識，我們才真正注意到後者。然而，雖然祁克果表述自己思想的模式常常顯得誇張或誤導人，要理解讓他這樣做的潛在思慮並不太困難。這種思慮最終與我們自己有關，我們

參與到他所關心的「生存進程」中，是負責任的、自我做主的參與者，這有別於自然的其他萬物。此外，他對人類處境的主要看法是，我們在生活中應該時時要求自己關注自己作為個人的終極價值和終極命運；通過比較，所有其他的考慮因素——包括與認知性或理論性研究有關的——都變得不重要，最終將被視為沒有關聯或令人分心的。他對「內在性」的強調反映出這一重點，這一「內在性」與其所說的主觀性不可分離。內在性不能被等同於內省我們自己的精神狀態這一習慣；否則內在性就成了一種超然的沉思，而不是積極的投入，這相當於把它比做一種觀察的態度，祁克果把這種態度和客觀性聯繫在一起。相反，它表現為自我承諾，以及履行這種承諾的精神：一個人要表現出內在性，得通過他形成的決心、他認同於這種決心的真誠程度，以及這種決心在多大程度上掌控他應對自己所面臨的處境的方法。如此理解內在性，它便和在《附言》中佔據主要地位的倫理觀有密切的聯繫。在《附言》中，心靈的誠實、目標的單一與對社會慣習的因循守舊截然不同。在這裏，作為個人，有必要遵從自己內在的信念，這被認為重於任何關於偶然結果或歷史結果的考慮。不過，這還不是全部。因為對於有關宗教信仰，尤其是基督教信仰的陳述而言，它也被證明是基本的。內在性同樣是信仰的一個基本條件。按照前述，這暗示着應該把內在性歸於行動範疇而非認知思維這一範疇。關於這一點，祁克果所

說的大都會引來這樣的讀解。他着力強調如下觀點，即基督教不是「客觀知識」的問題，它所包含的信仰不應相當於我們對待數學演算和科學假想的冷淡的默認。相反，它要求整個人充滿激情、堅定不移的投入，投入的程度至關重要。和之前一樣，他在這裏強調的似乎是個人的獻身，強調某一道路進入何種思維以及這種思維的構架，還有，如何一直這樣走下去。

宗教信仰不但意味着認同某些觀念，而且要求獻身於某種生活模式——這一看法幾乎不會有什麼爭議。不僅僅是祁克果一個人堅持認為，上述看法應該深刻改變一個人生活的基調和特性，儘管他理直氣壯地譴責當代「基督教世界」的代表人物，說他們顯然都沒有達到這樣的要求。另一方面，更有爭議的是這樣的觀點：正統的宗教信仰，其全部的需要是在行動上遵循某種深信不疑的理想，並投入到某些實踐中；若要更為恰當地理解其基本要旨，那就是它表達了一種道德見解或者包含了精神價值，而不是構成某些肯定的主張，人們聲稱這些主張在字面意義上或在特定的事實中是正確的。在啟蒙時期一些理論家的著作中，這一看法已經初現端倪，在現代，它也並非沒有擁護者。近來，某些基督教思想家儘管對實例的解釋常常各不相同，但他們都表示，人們不應該認為關於（例如）上帝之本質或個人之不死的主張與對一種先驗現實或超自然現實的明確的真理宣告相關。相反，

我們最好從一種「非現實性的」、以事實為中心的角度來理解這些主張。在宗教中，它們的作用是調節，而不是描述或預見。由此可知，想用一種假定去證實這些主張——這些主張直接代表了與事實有關的看法——是一種誤解。諸如休謨和康德這樣的批評家可能已經成功地質疑了後一種努力。雖然他們提出這些質疑，也許間接地有助於引發人們去思考對信仰的關注有什麼真正意義，但是，他們的反對不再需要考慮去觸及這種關注。

有時，贊同以上思想的哲學家會提起祁克果的名字。他運用唯意志的和情感的觀念來描述宗教信仰，初看之下這完全符合如下立場，即把宗教信仰解釋為一種現實思慮和意志力的態度，而不是認識性接受。而且，他所談到的，即在這一點上我們根本不需要客觀的證據或可作為佐證的觀點，顯然也得到了現代哲學家的聲援，他們譴責這樣的要求誤解了宗教觀念的真正意義。不過，這些表面上的相似之處有可能隱藏着更深的分歧。不管他如何強調信仰積極的一面，不管他如何輕蔑地拒絕要為之提供理性基礎的努力，我們仍然很難看出，祁克果如何避免將這一類方法看做是例證了另外一種嘗試，即逃避在他看來是由基督教所提出的挑戰的嘗試。因為，用所提出的方式強調表面上已經明確的東西，難道它們實際上不正是在剝奪他最想突出的特徵本身嗎？

在《附言》中，祁克果實際上絲毫沒有偏離一個命題：基督教具有內在的自相矛盾，人的理性無法解釋它。這是《片斷》的核心觀點。的確，在後來的作品中，他盡力區分宗教意識的不同層面或階段，這些區別並非總是得到了一目了然或系統性的評述。結果是，讀者有時不知道到底應該如何準確理解信仰和理性之間的關係。有時，他在行文中似乎相信上帝是存在的，相信永恆的幸福這一承諾包含一種「客觀的不確定性」，就是說，彼處在此處，肯定不需要理性的證明，甚至在理性看來是不可能的。他說，如果彼處在客觀上是肯定的或安全的，那麼就不會存在冒險的問題，而如果沒有冒險的可能性，就不會有信仰。信仰「準確地說，就是個體內在性無限的激情與客觀的不確定性之間的矛盾」——這個問題就是「走向深深的、超過七千英尋深的水域」（《附言》第182頁）。不過他還表示，對基督徒的信仰的要求比這要高多了，它要求個人「拿他的思想去冒險」，要求他相信與理性相悖的東西。它告訴我們，基督教

> 已表明自身是一種自相矛盾，它要求個人信仰的內在性與某種東西相關聯，這種東西在猶太人看來是冒犯，在希臘人看來是愚蠢——對理性而言，則是荒唐。

> （《附言》第191頁）

我們也不會懷疑，祁克果心裏主要想的還是道成肉身這一現實。正如他在另一處所說的，「與它的本質相符合的是永恆的適時成立，它誕生、成長、死亡——這違背所有的思維」（《附言》第513頁）。

類似這樣的話清楚地表明，早先闡明的觀點沒有收回。信仰對理性之種種觀點的否定再次——如果有的話——得到進一步的強化。基督教具體涉及到放棄對有限理解力的「自然的」區別對待，進行一次「實質上的飛躍」，躍入到理性之光難以照到或排斥理性的領域（《附言》第159、343頁）。另一方面，《片斷》中已經強調的觀點，即它也要求通過神恩的奇跡力量而產生某種內在的轉化，將這種力量作為啟動這種轉化的條件——這一點很不明顯。相反，《附言》關注的重點——據說它主要關注成為基督徒意味着什麼——幾乎只是人類主體所採取的姿態。儘管在理性上難以說通，儘管遭到理性的反對，我們仍然相信某些東西是真的，這似乎被視為個人投入和獻身的問題，它和矢志實現生活中的承諾或堅持貫徹策略是類似的。在這種情況下，信奉者的處境非常類似一個人在有意圖的行動中遭遇到對立的引誘。而且，如果我們考慮到祁克果與眾不同的、措辭多少有些神秘的觀點——嚴格意義上的行動應該有別於它所引發的、外在的或公開的行為，恰當而言，它限於「內在的」決定，通過這種決定，一個人在存在主義意義上認同於

他先前只在理論上討論的觀念——那麼，這種印象就更深刻了。(《附言》第302A頁)總而言之，可能的情況是：祁克果遠非努力貶低或消除信仰中先驗內涵或超自然內涵的意義；相反，他努力強調命題和實踐兩個方面的密切關係，同時清楚地揭示出宗教意識的主觀傾向與客觀思維和客觀研究那典型的超然視角二者間的天壤之別。基督教信仰要求人們接受在理性看來是難以確定的，甚至荒唐的東西。在這裏，對內在性的「強調達到了極致」。同樣地，可以說它構成了「人類主觀性這一領域中的最高激情」(《附言》第118頁)。而且，還可以說它構成了真理。「主觀性，」祁克果後來一再強調，「就是真理。」

主觀性的真實性

如果說上面引述的著名觀點令《附言》的一些讀者感到頭暈目眩，那並不奇怪。平常而言，我們慣於將關於真實或虛假的問題和另一個問題聯繫在一起，即關於實實在在的事物如何獨立存在，無論人們怎麼看待它——怎麼充滿激情地感受它——都不會影響這種存在的問題。祁克果是否認真考慮過反對這一平常的觀點，用完全不同的另一個觀點來取代它呢？果真如此的話，那麼，他認為可以拿什麼來取而代之呢？如果他沒有這樣考慮過，主觀性與真實性之間已經表明的一致性實際上又意味着什麼呢？

下面這段話的重要性在其上下文中已經得到強調。在這段話中，祁克果提到引出真實性問題的兩種獨特方式。

> 如果以一種客觀的方式提出真實性問題，反思便客觀地指向真實性，把它當做一個物體，與知者有關……如果只有與他有關的這個對象具有真實性，那麼，主體就相當於處在真實性中。一旦關於真實性的問題以主觀的方式提出，反思便主觀地指向個人關係的本質。只要這種關係的模式存在於真實性中，個人就處於真實性中，即使他因此可能會碰巧與不真實有聯繫。

（《附言》第178頁）

祁克果在詳述自己想表達的意思時，強調有必要區別評估信仰的兩種模式，它們涉及信仰「是什麼」和「怎麼樣」。「客觀上強調説了什麼，主觀上強調是怎麼説的。」迄今為止，至少只要涉及宗教信仰，他似乎就認為後一種模式是基本的。在另一段有名的話中，他把一個人的處境和另一個人的處境作比較，其中一個雖然對上帝有「正確的看法」，但用「錯誤的精神」向上帝禱告；另一個雖然屬於盲目崇拜的群體，但「以無限的全部激情」向自己的偶像禱告。在祁克果看來，第二個人而不是第一個人將會發現「最

大的真實性」——「這人雖然崇拜偶像，但他實實在在向上帝禱告；另一個向真正的上帝作虛假的禱告，實際上等於崇拜假神」（《附言》第180頁）。

儘管在闡述上有些奇怪，祁克果在這裏主要關注的是真正相信某種東西這一觀念的模糊性。在某種意義上，可以認為該觀念指的是，相信的東西與真正的東西相互吻合。而在另一種意義上，它指人們以何種方式同意某一信仰，即如何真正地或深切地相信它；真實性中的「主觀性」在本質上屬於第二種意義上的信仰。不過依照這種解釋，他將真實性等同於主觀性，這似乎相當於重新認可個人投入和充滿激情的奉獻的價值，它們與內在性聯繫在了一起。如此說來，只要一個人堅守自己的信仰，不管這信仰是什麼，只要他恰當地與其緊密相聯，信仰似乎就會把任何信徒都包含到真實性之中。如果基督教信仰所要傳達的最大真實性就是這個，人們可能會感到，它多少有些被局限於自己所給出的確信之中了。因為在此意義上，如果無神論者絕對地、堅定不移地信奉他的無神論，真實性也許同樣可以歸屬於無神論者的觀念，正如可以歸屬於有神論者的觀念一樣，二者理由同樣充份。鑑於祁克果宣稱認可基督教的要旨——（我們剛剛看到）這使他有信心區分「真正的上帝」和偶像，我們難以想像他心中沒有更為實在的想法。

當然，有些地方也暗示了另一種解釋。首先，祁

克果孜孜不倦地堅持在主觀上接受基督教這一過程的獨特性；堅稱真正把自己奉獻給一個自相矛盾的觀念的人，其內在性達到了最強烈的程度。其次，他似乎——至少有時是這樣——暗示，個人投入的激情或情感強烈到一定的程度也許能保證這些觀念在客觀上是正確的。因此，他在1849年12月的一篇日記中明確提到了《附言》。他說，如果知道信仰「怎麼樣」，也就會知道它「是什麼」。又說，在這裏「我們有最大程度的內在性，它被證明是客觀性」（《日記》第355頁）。在《附言》中，他拒絕嘗試「有系統地」證明個人的永恆。他表示，相反，我們應該轉向主觀性——永恆被認為是主觀性「最渴望的利益」，而且，「證據也正是存在於這種利益中」（《片斷》第155頁）。可以理解，這些話的所指或許會被理解為：基督教信仰所固有的奉獻和渴望的力量，其本身便足以確保其真實內容的有效性。我們跟隨「主觀性之路」，就可以獲得真實的頓悟；而如果我們受到客觀研究這一冷靜方法的束縛，去追求無窮無盡的「接近之路」，那是絕對無法獲得這種頓悟的。

上述思路的問題在於，我們仍然很不清楚，只靠主觀的信念或熱烈的渴望如何能夠證明我們所相信的或渴望的是真實的。一位批評家因此抱怨，這裏提到的觀點涉及一種明顯的無邏輯性。這位批評家指責祁克果將它與先前提到的更為無力、事實上不甚明朗的

觀點混為一體，誤導人們；歸屬於信仰的「真實性」在此只存在於它引發的內在性的深度中，結果是，人們很容易認為，他以某種方式設法承認基督教信仰，這種方式並不受傳統上確認或支持基督教的種種形式所遭到的反對的影響。這一批評看到了一些謬誤，這些謬誤可歸因於祁克果後來的一部分追隨者，批評因而具有相當的力量。同樣，不能否認的是，他自己容易給人這樣的印象：在完全不同的立場之間搖擺不定，讓人無法肯定他的觀點到底是什麼。他關於這一點的論述存在着諸多困難和含混，我們最終卻不知道，這些會在多大程度上真正衝擊他的基本目標。他的目的實質上是不是解釋性的，是不是意在表述信仰在概念上和現象學上的含義，而不是在認識論上為它作任何辯解——儘管有暗示他可能是這樣，但究竟是不是這樣，在這裏和在別處，這些都還有待討論。由於這一原因，他主要關注的仍然是把宗教信仰歸屬到他認為適宜的領域，即個人選擇和個人投入的領域，而不是超然的思考和評價這一領域。的確，我們有可能認為，他的斷言（前面已經引述），即基督教的真實性「只存在於主觀性之中」，只不過是表達這一觀點的一種方式。正如他經常提醒我們的，他認為這是信仰的本質，它讓個人去冒險，這是懷着全心全意、熱烈激昂的決心，決心完全接受某種東西，任何智力的實證和客觀的根據都無法理解這一舉動。同時，走上

這條道路，必須有一個前提，那就是要有一個真正的問題，它涉及到如此一來，我們要接受什麼樣的現實。但是，一個人把自己這樣奉獻出去，還不能說因此就解決了這個問題，否則，這一公認的冒險的關鍵因素在哪裏呢？

然而，如果我們遵循這個解釋，我們就會不可避免地碰到其他問題。在祁克果的作品中反復出現一個觀點，即信仰屈從於意志。它在哲學中惹出諸多爭議，盡人皆知。它還暗示更多的含混。我們當然可以假裝自己相信某一觀念是真的，因而決定依此行動，卻任憑其實際的真值——至少暫時地——懸而未決。這種情況很清楚，人們常常允許其發生。我們也可以想見(如帕斯卡指出的)，在此行動中的堅定不移也許會產生這樣的結果：我們最終會相信事實中的主張，並且不僅僅是假設性地相信。有一點不太明顯，即我們可以有意識地、直接地讓自己簡單地相信某種東西，不管我們根據什麼相信它是真的，甚至可能面對鋪天蓋地的相反證據亦堅持己見。並且，一旦我們被要求去相信的東西據說具有內在的自相矛盾——它不僅缺乏客觀基礎，而且在理性看來，它本質上就讓人無法接受或「令人不快」——這些困難就會變得複雜起來。在何種意義上我要去相信某種我知道嚴格說來是令人無法想像的東西，一種「有悖於所有人類理智」的矛盾？祁克果堅決認為基督教信仰在任何程度

上都與可能性沒有任何關係，而且宣稱信仰的這一對象是「荒唐的」（《附言》第189頁），他認可的似乎就是，這樣做是可行的。

要應對這裏可能遭遇到的反對，他本來可以援引一個使其觀點成立的條件，那就是《片斷》中尤其突出描述的神恩。提出這種內在的轉化會使一個人有可能接受在人的理性這一有限的視角看來不可思議的東西。不過，如果祁克果所提到的「荒唐」，被認為是在辨別某種字面意義上不連貫或自我矛盾的東西，那麼，我們不清楚，這個觀點針對的是否真的是目前這種背景下真正要爭論的話題。因為這涉及到這一觀點是否說得通，即一個人可以相信某種東西，同時知道它肯定是或顯然是錯誤的。有些評論者因此推斷，他不可能真的打算提出如此怪異的命題，對於自己的立場反而採用不太極端的表述。例如，人們認為，根本沒必要把他關於荒誕的看法理解為不僅僅暗示了理性支持的缺乏。這樣，我們在回應基督教提出的永恆拯救這一許諾的時候，就必須對一個宗教的真理之謎作出全力的許諾，這一真理超越理性的範疇，但這不是說要求我們去相信我們清楚地知道與此相悖的東西。另一種情況是，有人指出，對祁克果來說，道成肉身是自我矛盾的，因為它根本冒犯了我們的情感而不是我們的理解力：我們感到上帝以一種非常不合適的形象出現，忍屈受辱。他是神，不該如此屈尊。在祁克

果不同的作品中，尤其在《基督教訓練》中，當然有這樣的話，它們符合後一種看法。即便如此，《附言》裏的很多話表明，他心裏絕不僅僅是在想這一點。他也許認為，道成肉身在情感上或道義上引起我們的憤怒，因為它令通常的期待充滿不解，或顛覆一般人認可的評價。不過，從他常常帶有這種意思的斷言來看，他想強調其冒犯理性的結論似乎是情理之中的。他在談到為信仰而「殉難」時，認為這是「將理解力釘在十字架上」，這當然並非一派空談。

第六章
自由與自我

祁克果在某種或多種嚴格意義上認為基督教是自我矛盾的——無論這一觀點還有多少可爭論的空間，至少有一點是毋庸置疑的：他從未偏離過一個觀點，即基督教的終極意義只能通過個人的吸收和內在的信奉才能把握。如此，他在把信仰這一概念從他認為掩蓋了其基本特質的種種誤解中分解出來時，可以說通過了不同的聯繫，又一次回到構成他思想的試金石——某一特定的人類主體，即「存在的個體」這一範疇。他不厭其煩地讚揚蘇格拉底（儘管他視其為異教徒）第一個引入關鍵的概念，這一概念「具有決定性的辯證力量」。他為自己感到自豪，因為是他着手在當代的背景下重新肯定和突出這一觀點的重要性。他認為，在這樣的背景下，人們普遍不是無法洞察其意義，就是頑固地對其真實含意置若罔聞。不過，他怎樣解釋這一範疇應該放在具體的基督教視角下去理解，這當然還是個問題。誰是這個孤獨的、負責任的、立於祁克果世界之中心的「我」？這個「我」的需要是什麼，如何滿足這些需要？對他的兩部作

品——《焦慮的概念》和《致死的疾病》——的主題進行簡要地思考，可能有助於我們理解這裏提到的問題。雖然上述兩部作品常被稱為祁克果的「心理學之作」，不過，如果一個現代讀者認為它們遵循心理學更為常見的研究方法，那麼他可能會感到失望。這些作品不但經常提到天真、負罪和拯救這樣的觀念，並且其風格是哲學導向的，觀點密集，不易看透。到處是抽象概念，而祁克果並不總是打算解釋他選用的這些深奧的術語。結果是，有些話產生的困惑不亞於黑格爾的《精神現象學》中那些更為晦澀的章節。這也許並非完全是巧合。儘管人人都知道祁克果反對這位德國思想家的結論，但他並不討厭吸收後者偏愛的觀念和分類，即使這意味着將它們用於截然不同的目的。此外，黑格爾運用了其中一些觀點描述他重點關注的某一情境。我和其他的評論家一樣，認為我們首先應該看到，祁克果對同樣情境的分析是以黑格爾為背景的。

黑格爾把這裏提到的情境和宗教聯繫在一起，歸於「不快意識」。正如我們在第二章已經看到的，這一表述被用來界定人的歷史發展中之某一階段。在這一階段，人認識到自己是一個分離的存在，具有「雙重性」和「分裂的內在」。一方面，他意識到自己是一個有限的個體，立於經驗世界中，服從於變幻滄桑的時世。另一方面，自己擁有一個「不可改變的」或

理想的本質這一想法纏繞着他，這一本質獨立地支持困擾他的經驗現實的種種偶然性。他無法調和自己本性中的這兩個方面。結果是，他認同第一個方面，而將第二個方面理解為一個先驗的「他者」或「異己的存在」，他與這種「他者」或「異己的存在」是對立的，同時努力與之和解。不過，他這樣看待自己的情境是不真實的；一旦人的心靈最終在不成熟的生活模式和意識模式中克服其自我疏遠，一旦心靈處於某一位置，因而認識到它和它所處的這個世界體現了一種無限的或絕對的理性本質，而這種本質只能在有限中並以此種有限作為媒介才能得以理解，那麼，這一情境的真正意義便會一目了然。

我們沒有必要複述祁克果對唯心主義形而上學的反對。正是依據這一反對，他剖析宗教觀的來源及其潛在的內涵。他在一個框架裏提出自己的方法，這一框架以傳統有神論的雙重視角為前提，他並不打算取代這種視角。但是同時，黑格爾在對不快意識的特別立場進行討論時充滿了對立——也許這並不奇怪，他在論述個人在宗教環境裏的地位和渴望時，這些對立有可能佔據主要地位。他不僅認為有限與永恆的對立、人與神的對立在本體論上是基本的，而且，這種對立還最終主導了他對人性及其基本傾向的描述。

祁克果的心理學著作遵循我們所讀出的《附言》的一般要旨，強調行為和選擇二者的有生命視角，進

而用動態和關於意志的術語描述人的個性結構。從一個角度看，人可以說是「靈魂和物質的綜合體」，緊密結合了精神和肉體的特性。如此看來，他可以說和世界的其他萬物一樣，都屬於一類實體，這類實體的特點就是擁有某種明確的品性。不過，僅僅從這一點來理解個體，將看不到一個事實，即他可以超越自己的天性和外在的環境，他必須也被理解成是「精神」的——祁克果把這一重要的維度與獲得「自我」這一觀點聯繫起來。眾所周知，他把後者晦澀地界定為「一種關係，它把自己和自己聯繫起來」（《致死的疾病》第13頁），這一層面則是其基礎。雖然我們已經花了很多時間和精力，試圖確定他的這番怪話到底是什麼意思，但是在這裏，我只想提出在我看來包含了這番話的複雜討論的一個要點。要做一個人，並不意味着存在於存在的模式中，而是存在於生成的模式中。一個人要變成什麼樣，由他自己負責，這是他意志的產物，哪怕（似乎常常如此）他不想面對，只想躲開。並且，我們可以認為，每一個個體都意識到——無論是明確地還是無意識地——在他對環境現時的看法和在某種意義上可以得到的其他選擇之間存在着一種張力。正如祁克果在某處提到的，活着的人沒有誰「不暗暗懷着一種不停歇的內在衝突，一種不和諧……一種對存在的某種可能性的焦慮或對自己的焦慮」（《致死的疾病》第22頁）。不過，這些令人不安的暗示和態

度不應該被認為只限於某些歷史階段，一旦人的心靈最終(用黑格爾安慰人的話來説)「安然」立於這個世界上，它們注定要消失。相反，祁克果認為它們揭示了人的本性，它們以各種各樣的形式彰顯在每個人的生活面相中。不過，果真如此的話，照他説來什麼才是他提到的這種不安或憂慮的真正意義呢？

祁克果關於焦慮或恐懼(Angst)的觀點非常有名，既通過他對20世紀哲學家如薩特和海德格爾不可置疑的影響，也因為它鮮明地突出了心靈的某些明顯的「無目標」狀態，我們在日常生活這一層面上都可認識到這種狀態。而且，他對上述觀點進行了複雜而影響深遠的論述，涉及了廣泛的現象，包括童年時代對神秘或怪誕之物的着迷，以及後來與性衝動的萌發有關的種種預兆。的確，作為展開討論的語境，這一觀點所包括的不同方面也許有助於我們解釋屬於不同派別的思想家們對他的分析持有什麼看法。這些思想家中有許多人根本不贊同這一概念的獨特立場。

上面引用的話暗示了其中的一個方面與對自由的覺悟有關。祁克果早在關於主體的著述中就清楚地表明，令他感興趣的焦慮不應與諸如害怕這樣的情感混為一談。害怕有明確的對象，特別指向外界的事物或事件。相反，與焦慮有關的是「某種虛無的東西」，是代表了「自由的真實性，這種真實性是可能性之可能性」(《焦慮的概念》第42—43頁)。薩特有一次明

圖14　「自由的暈眩」；一位蹦極者被「能夠做到的可能性」所吸引，
同時又被這種可能性所拒斥。

確提到祁克果的獨特之處。他認為，如此構建的焦慮在本質上是「我自己面前的焦慮（angoisse）」：就像是害怕一樣，我不會作為環境的一個被動的犧牲品去關注會有什麼發生在我身上。相反，這裏的情境源於我意識到自己是一個積極的主體，能夠面對和回應各種可能性，沒有任何東西能在客觀上強迫我去選擇一種回應而不是另一種回應——在這裏，我是唯一的仲裁者，想做什麼完全取決於我自己。薩特援引了「蹦極」的例子。據說一個人與其說害怕真正從懸崖上掉下去，還不如說害怕的是這個想法：如果他選擇「把自己扔下去」，他就能做到。這令人想起——無疑是有意地——祁克果自己運用的一個意象，即把焦慮比做俯視裂開豁口的深淵時的感覺。因此在某處，他把這描述成「自由的暈眩」，發生在當「自由俯視自己的可能性，抓住有限性來支撐自己」時（《焦慮的概念》第61頁）。然而，祁克果在其他地方又把它說成是「和諧的反感和令人反感的和諧」；主體被描述為搖擺不定——令人不安的「能夠之可能性」既令它着迷，又令它厭惡（《焦慮的概念》第42頁及其後）。

　　這些描述所感染的緊迫與緊張的氣氛預示着後來的許多存在主義著述在這個主題上的基調更為突出。這種基調常常招來批評，說它反映了一種一再出現的傾向，該傾向誇張或過分戲劇化日常思想和行為這些大片領域的意義。不過，無論此種批評在其他方面具

有何種可以想見的力量，祁克果絕對拒絕承認它與自己的觀點有任何關聯。薩特描述面對自由的焦慮，也許成功地表達了他的一部分想法，不過，他最為關心的是自己的想法在宗教上有什麼意義。這樣理解的話，它涉及的因素屬於另一種秩序，不同於他那些更為關注現世的後繼者所引證出來的因素。他相信這些因素對我們作為人類的發展和最終命運來說關係重大。

實際上，焦慮這一概念首先出現在他對原罪的討論中。在關於墮落的聖經故事裏，亞當開始不知善惡之別，也不了解善惡所引起的一切後果。即便如此，禁止他吃知識樹上的果子還是「使他開始意識到自由的可能性」。祁克果認為這個故事以神話的形式闡明了在每一位個體的經驗中，「自然而真誠的直接性」這一狀態以何種方式轉化為自我意識和自我決定的狀態。在天真這一狀態中，「人的精神在做夢」：雖然他還不知道自己在精神上想做什麼或想成為什麼，但他已經有了不確定的預感，感到自己作為一個有能力塑造自我及其未來的自由存在所具有的潛力——「這是天真深刻的秘密：它同時也是焦慮」（《焦慮的概念》第41頁）。不過，這裏提到的潛力是什麼，個體又如何能注意到它的特性呢？按照祁克果所描述的情境，似乎他首先只能通過體驗罪過來注意到這一點。因此，他所談到的基本的焦慮成了罪過的前提條件或

「假設」，因而沒有構成它必要的原因。後者不受任何宿命論或科學解釋的影響，人人「只會通過自身」而變得有罪。另一方面，如果認為這種焦慮預示的僅僅是有可能犯下罪過，那是不正確的。因為它也間接預示了認識到這樣的事實，即可以把一個人有限的支配權的源泉引向截然不同的道路，人認識到自己作為單個自我的真正身份在於他與永恆、與神的聯繫，而不是與時間的或世俗的思慮的聯繫，後者使他偏離自己正當的目標。在正確理解人的存在後，這種存在的形式便成了「持續的奮鬥」，追求超越世俗領域的完滿；我們只有自由地獻身於一種超越客觀知識和理性理解的力量，才能獲得這種完滿。「自我」如此「樂意成為自我，它顯然依賴於將其建立起來的力量」（《致死的疾病》第49、131頁）。祁克果斷言，這卻是「信仰的公式」。因此，焦慮有可能導致我們那「實質上的一躍」，不是躍入罪過之中，遠離上帝，而是躍入其對立面：「與罪過對立的」是信仰而不是美德（《致死的疾病》第82頁）。換言之，我們再次回到了祁克果在這裏所稱的「基督教之關鍵標準」——接受一種客觀的不確定性，那是理性無法把握的，但有了神助，再經由它，人就可以獲得拯救。

　　以上代表了一個複雜討論最基本的框架，它的主要特點在於它強調人們無法在所要求的意義上實現自我時有多種不同的表現。黑格爾的評論家肯定會質疑：假

如一個人在滿足自己作為這世界的一員所擁有的需要和利益時不得不承受它的局限性，那麼這裏所涉及的自我實現是否妥當。此外，它的積極內容仍然難以捉摸，並最終是神秘莫測的——也許在此背景下，這是不可避免的。不過，人們仍經常讚揚祁克果，因為他洞察了種種精神失衡和疾病。兩部所謂的心理學著作實際上充滿着具體的例子，它們常常體現出敏銳的洞察力。他研究人們為了逃避揮之不去的絕望的本性，試圖借用權宜之計讓自己鎮靜或轉換注意力——在這種時候，這一點變得特別明顯。在分析這些例子時，他充份利用自己與眾不同的才能去界定阻礙自我認識和自我理解的幻覺或辯解。這種分析令人想起他早先對《非此即彼》等書中所舉的那些例子的剖析。他也竭力區分這些例子和另外的例子，在後一種情形下一個人可能通過驕傲或挑釁，有意識地拒絕自己獲得改變和拯救的可能性——在這裏，「沒有什麼含糊費解可以充當緩衝的藉口」（《致死的疾病》第42頁）。常常地，許多觀點令人信服的特性和力量因此帶上了衝突和危機的印記，這些衝突和危機出現在他自己的個人經歷中，記載在他的日記中。不過，在評估他在這一點上所說的一切時，困難還是出現了。在某種程度上，這是因為他傾向於靈活地處理關鍵概念，從而使運用它們時的界限搖擺不定，不清不楚。他的許多作品都有這個特點。因此，他在運用《致死的疾病》的中心觀念——絕望——的時候，它的意義有時相

Sören Kierkegaard in later years

Woodcut by H. P. Hansen

圖15　祁克果戴帽像。

對嚴格，與其平常的用法沒有區別；可是在更多時候，它似乎涵蓋了——雖然以意味深長的不同形式——排斥信仰出現的任何條件。無疑，這進而與一個事實有關，即他的心理學形成於這樣的框架中，這一框架的限制因素最終由他寫作時的宗教觀點來決定。人性的結構導致個人只能通過接受基督教教義，才能使自己從絕望中解脫出來，滿足他作為一個人的根本渴望——這是設想，而非爭論。不過，這意味着在解讀祁克果的觀點時，我們並非總是那麼容易分清什麼才算是真正的經驗分析，什麼更像是先驗的條件。

第七章
結語

　　在本書的大部分篇幅中，我想強調祁克果的思想對他那個時代不同的學術傾向提出的挑戰，尤其是那些有意要把基督教教義與人的理性可以一眼看透的術語等量齊觀的傾向。當然，如果認為這樣的挑戰就是他討論宗教的全部目的，那就錯了。正如我們先前已經看到的，他至少同樣有意抵制一種在他看來具有普遍性的傾向，這種傾向受到丹麥教會代表人物的鼓動，它通過拒絕在實際生活和現實動機這一層面上基督教教義的意義，來削弱其力量。參加已然確立的宗教儀式是不夠的，滿懷敬意地重覆基督的話也不夠；必須要遵循基督的話行事，以他為榜樣。祁克果的那些明顯的宗教著述和論辯大都用自己的名字發表，其他的以筆名發表，理論性更強。在前一類作品中，祁克果意在強調基督教對個人的嚴厲要求。「基督教世界」的特點是隱蔽的俗氣和虛偽，這一點必須毫不留情地揭露出來。像《心靈的純粹》和《基督教訓練》這樣的作品目的很清楚，就是要揭示「為世界而死」的真正含義，把所有「相對的目的」放到一邊，全心

全意地遵奉上帝的意願。這裏不容許有任何妥協，任何人想削弱或淡化宗教所要求的塵世犧牲的性質，就相當於逃避和「反覆無常」。沒錯，祁克果對基督教理想的解釋使一些批評家指責他貶低這一宗教充滿憐憫和提倡集體主義的一面，指責他過於強調個人拯救。雖然像《愛之作》這樣的作品部分掩飾了這些反對意見，但在其中愛自己的人類同胞被説成是「唯一有福的安慰」；沒有這種愛，一個人就不是「真正在活着」。不過，不可否認的是，在絕大多數時候他語氣嚴厲，甚至苛刻。但與此同時，我們不能忘了，正如評論家麥基(Louis Mackey)所説的，在這方面他所寫下的大都是「充滿啟迪的雄辯」。他想「令世人震驚，讓他們認識到基督教的絕對觀念，因而受益。還要提醒他們，在這種觀念下他們自己的缺陷」。如果他的一些「提醒者」顯出威嚇的和越來越陰鬱的語調，堅持認為罪過普遍存在、受苦是必然的，如果這種語調使他的許多讀者不知所措，他當然不會感到奇怪。我們不能説他低估了基督教——至少按他的理解——冒犯他人的能力。這樣看的話，如果個人想拒絕基督教，他隨時都可以這樣做。

祁克果從來沒有明顯偏離過一個觀念：就像獻身於其他的存在模式一樣，獻身於基督徒的生活方式總歸是一件個人決定的事情，每個人必須自主行動，不可能有什麼客觀的理由來證明其正當性。誠然，他在

這一點上的立場有時表現出明顯的模糊性。我們並非總是很清楚，他在其理論作品中是否認為自己只是闡述了一種給定的方法或觀點所牽涉到的內容，向那些運用這一方法或觀點的人們強調其意義；也不總是清楚他有時是否認為自己在表述不受一般條件限制的觀點，它們超越具體的看法，可以有根有據地要求某種獨立的正當性：我們在討論他關於真實性的觀點時，已經注意到類似的張力，在其他地方，它同樣顯而易見。不過，毫無疑問，在他對人類境遇的描述中，關於激進的或終極選擇的觀點仍然佔據着核心地位。事實證明，這一觀點在倫理理論和宗教思想兩個領域中都很有影響。在世俗層面上，它有助於形成為許多不同的存在主義作家所共同認可的觀念，即道德判斷終究只是個人決定的一個實踐。至少在他們看來，認為有一個可被揭示的客觀價值領域獨立於我們而存在，那是一種幻覺。相反，到制度化的或社會公認的行為模式中去尋求幫助，人就有可能成為「壞信仰」，即非真實性的犧牲品。就宗教而言，它的影響是直接而重大的，尤其在某些路德派的神學家看來，它給他們所屬的傳統增添了新生力量和動力。布隆內爾(Emil Brunner)和巴特(Karl Barth)等人的大部頭作品闡釋了我們這個時代的觀點，他們着力譴責理性，贊同非理性的獻身，服從於神恩。在布隆內爾看來，理性「被賦予我們，不是為了讓我們理解上帝，而是理解這個

世界」。他和巴特都不希望限定基督教的先驗觀念，但他們都一致抨擊「錯位的理智主義」，它試圖將適用於自然知識和理性研究的標準用在這些觀念身上。在這裏以及在他們的其他許多論點中，他們顯然都在呼應祁克果的觀點。

我們必須承認祁克果對宗教領域所產生影響的深度及重要性，同時又不能過於誇大。如果說有些基督教思想家接納他的思想，認為它們提供了一道屏障，可抵抗理性主義的臆斷和入侵，那麼也有人反對說，這樣做的代價是，人們無根無據地選擇基督教而不是其他宗教或體系，甚至剝奪它為了令人相信而提出的所有嚴肅的主張。顯然，這主要看人們如何看待這些思想。認為接受基督教信仰就是獻身於一個獨立自足的領域或「生活方式」，其本身的正當性最終無法以外界的標準或評價模式來說明，這是一回事；認為其內涵在某種意義上基本是詭辯的，顯然是「荒唐的」或矛盾的，這又是一回事。既然祁克果不僅贊成第一種觀點，也贊成第二種，那麼他的立場就會產生特別的問題，這並不奇怪。

不過，這些在哲學上和神學上引發的話題遠遠超過當前的探討所涵蓋的範圍。我們不應該被它們蒙住眼睛，看不到祁克果著作裏其他吸引後世的特點：他對人之存在的見解充滿了獨特的激情；他在挖掘這種存在的各種可能性時在語言方面顯示出獨創性和想像

力；他在討論一個人強烈地意識到宗教信仰的困難後，努力獲得並保持宗教信仰對他意味着什麼時傳達出鮮明的意識。這些特點只能通過閱讀他本人的著述才能完全領會，也許就是這些特點吸引了維特根斯坦（Ludwig Wittgenstein）。維特根斯坦表達了對他的深深敬意。他並不完整卻頗含深意地談到宗教信仰獨特而自足的特點時，常常回想起祁克果。有一次，維特根斯坦說道：

> 一個誠實的宗教思想家猶如高空走索的人，他的雙腳幾乎只是踏在空氣中，得到的支撐微乎其微，不過，這樣行走確實是有可能的。

我不知道，他在寫下這番話時，心裏是不是在想着祁克果，雖然這看起來很有可能。無論如何，這番話是有道理的。

推薦閱讀書目

Writings by Kierkegaard

The Danish edition of Kierkegaard's collected works [*Samlede Vaerker*] is edited by A. B. Drachman, J. L. Heiberg, and H. O. Lange (20 vols., Copenhagen, Gyldendal, 1963–4). A scholarly English edition of Kierkegaard's writings, under the general editorship of H. V. Hong, has been published by Princeton University Press (26 vols., 1978–2000). A very useful, single-volume selection from the Princeton edition is *The Essential Kierkegaard*, edited by H. V. and E. H. Hong (2000).

The following is a selection of translated works additional to those referred to in the note on abbreviations:

The Concept of Irony, tr. H. V. and E. H. Hong (Princeton University Press, 1989).

Purity of Heart is to Will One Thing, tr. D. V. Steere (Harper Torchback, 1958).

Training in Christianity, tr. W. Lowrie (Oxford University Press, 1941).

Works of Love, tr. H. V. and E. H. Hong (Harper Torchback, 1962).

Attack upon 'Christendom', tr. W. Lowrie (Princeton University Press, 1944).

The Last Years: Journals 1853–55, tr. R. G. Smith (Harper and Row, 1965).

Writing about Kierkegaard

The best-known biography is W. Lowrie's full and detailed *Kierkegaard* (Oxford University Press, 1938). Josiah Thompson's more astringent and critically penetrating biographical study, *Kierkegaard* (Gollancz, 1974), is excellent and may also be recommended.

The number of available commentaries on various aspects of Kierkegaard's work is vast; there is space to mention only a few. For a good general account, balanced and informative, the reader should consult James Collins's *The Mind of Kierkegaard* (Princeton University Press, 1953; paperback edition,

1983). *Kierkegaard's Authorship* by G. B. and G. E. Arbaugh (Augustana College Library, 1967) includes useful summaries and discussions of all the main published writings, while Louis Mackey's *Kierkegaard: A Kind of Poet* (University of Pennsylvania Press, 1971) provides a perceptive appraisal of its subject from a largely literary point of view. A comprehensive and philosophically orientated analysis of the structure of Kierkegaard's thought is to be found in Alastair Hannay's *Kierkegaard* (Routledge and Kegan Paul, 1982). The historical connections between Hegel and Kierkegaard are explored in scrupulous detail by NielsThulstrup in *Kierkegaard's Relation in Hegel*, tr. G. L. Strengren (Princeton University Press, 1980). Books of more general scope but containing interesting and substantial discussions of Kierkegaard's ideas include the following: *God and Scepticism*, by Terence Penelhum (Reidel Publishing Company, 1983); Lessing's *'Ugly Ditch': A Study of Theology and History*, by Gordon E. Michalson (Pennsylvania State University Press, 1985); *Reason and Belief*, by Brand Blanshard (Allen and Unwin, 1974); *Existentialism*, by John Macquarrie (Pelican, 1973); and *After Virtue*, by Alasdair MacIntyre (Duckworth, 1981).

Since this book appeared, two useful collections of articles on Kierkegaard have been published: *The Cambridge Companion to Kierkegaard*, edited by A. Hannay and G. Marino (Cambridge University Press, 1998), and *Kierkegaard: A Critical Reader*, edited by J. Reé and J. Chamberlain. A valuable study of Kierkegaard's moral philosophy is Anthony Rudd, *Kierkegaard and the Limits of the Ethical* (Clarendon Press, 1997). Two interesting discussions of Kierkegaard's philosophical theology are David R. Law, *Kierkegaard as Negative Theologia*n (Clarendon Press, 1993) and M. Jamie Ferreira, *Transforming Vision: Imagination and Will in Kierkegaardian Faith* (Clarendon Press, 1991). Kierkegaard's relation to currents of contemporary European philosophy is discussed in Michael Weston, *Kierkegaard and Modern Continental Philosophy* (Routledge, 1994). C. Stephen Evans, *Passionate Reason: Making Sense of Kierkegaard's Philosophical Fragments* (Indiana University Press, 1992) is a rewarding examination, not only of *Philosophical Fragments*, but of Kierkegaard's wider thought. A difficult, but rewarding, reading of several of Kierkegaard's works as 'subversive' texts is included in Stephen Mulhall, *Inheritance and Originality: Wittgenstein, Heidegger, Kierkegaard* (Clarendon Press, 2001).